Artesanato
sustentável

natureza
design
& arte

Artesanato sustentável

natureza
design
& arte

Monica Carvalho

Editora Senac São Paulo — São Paulo — 2018

ADMINISTRAÇÃO REGIONAL DO SENAC NO ESTADO DE SÃO PAULO
Presidente do Conselho Regional: Abram Szajman
Diretor do Departamento Regional: Luiz Francisco de A. Salgado
Superintendente Universitário e de Desenvolvimento: Luiz Carlos Dourado

EDITORA SENAC SÃO PAULO
Conselho Editorial: Luiz Francisco de A. Salgado
   Luiz Carlos Dourado
   Darcio Sayad Maia
   Lucila Mara Sbrana Sciotti
   Luís Américo Tousi Botelho

Gerente/Publisher: Luís Américo Tousi Botelho
Coordenação Editorial: Verônica Marques Pirani
Prospecção: Andreza Fernandes dos Passos de Paula, Dolores Crisci Manzano, Paloma Marques Santos
Administrativo: Marina P. Alves
Comercial: Aldair Novais Pereira
Comunicação e Eventos: Tania Mayumi Doyama Natal

Pesquisa e redação: Teresa Graupner
Fotos: Jaime Acioli
Projeto gráfico, capa e diagramação: PVDI Design
Copidesque: Alexandre Alves
Revisão: Mirra Moraes, Taís Cavalcanti Silva
Impressão e Acabamento: Gráfica CS

Dados Internacionais de Catalogação na Publicação (CIP)
(Jeane Passos de Souza – CRB 8ª/6189)

Carvalho, Monica
   Artesanato sustentável: natureza, design & arte / Monica Carvalho. – São Paulo : Editora Senac São Paulo, 2018.

   ISBN 978-85-396-2352-5 (impresso/2018)
   e-ISBN 978-85-396-2257-3 (ePub/2018)
   e-ISBN 978-85-396-2258-0 (PDF/2018)

   1. Artesanato 2. Artesanato : Desenvolvimento sustentável I. Título.

18-743s   CDD-746
                                BISAC DES013000
                                     CRA053000

Índice para catálogo sistemático
1. Artesanato   746

Proibida a reprodução sem autorização expressa.
Todos os direitos reservados à
Editora Senac São Paulo
Rua 24 de Maio, 208 – 3º andar – Centro – CEP 01041-000
Caixa Postal 1120 – CEP 01032-970 – São Paulo – SP
Tel. (11) 2187-4450 – Fax (11) 2187-4486
E-mail: editora@sp.senac.br
Home page: http://www.editorasenacsp.com.br

© Editora Senac São Paulo, 2018

Nota do editor

A sustentabilidade é, sem dúvida, uma das grandes questões do nosso tempo. Discutem-se muito a sustentabilidade do planeta e o modelo econômico dominante, baseado no crescimento contínuo do consumo. Enquanto ideias e propostas são investigadas a passos lentos, recursos naturais e matérias-primas continuam sendo retirados da natureza para alimentar a indústria e o consumismo. A artesã Monica Carvalho faz belamente sua parte e, em sua trajetória profissional, mostra-nos que, com criatividade, as sobras da natureza podem transformar-se em produtos únicos e sustentáveis.

Neste livro, a autora dá exemplos da utilização de materiais descartados na confecção de acessórios e objetos de decoração e de arte. Apresenta as principais características das sementes, dos frutos e das fibras mais comuns no Brasil, as formas de conservá-los e onde são encontrados. Monica conta ainda sua rica atuação em diversos projetos sociais no país e como fez parcerias com outros designers e artesãos.

Com esta publicação, o Senac São Paulo espera contribuir para o aperfeiçoamento dos profissionais das áreas de design e artes e despertar a criatividade das pessoas que apreciam o artesanato sustentável.

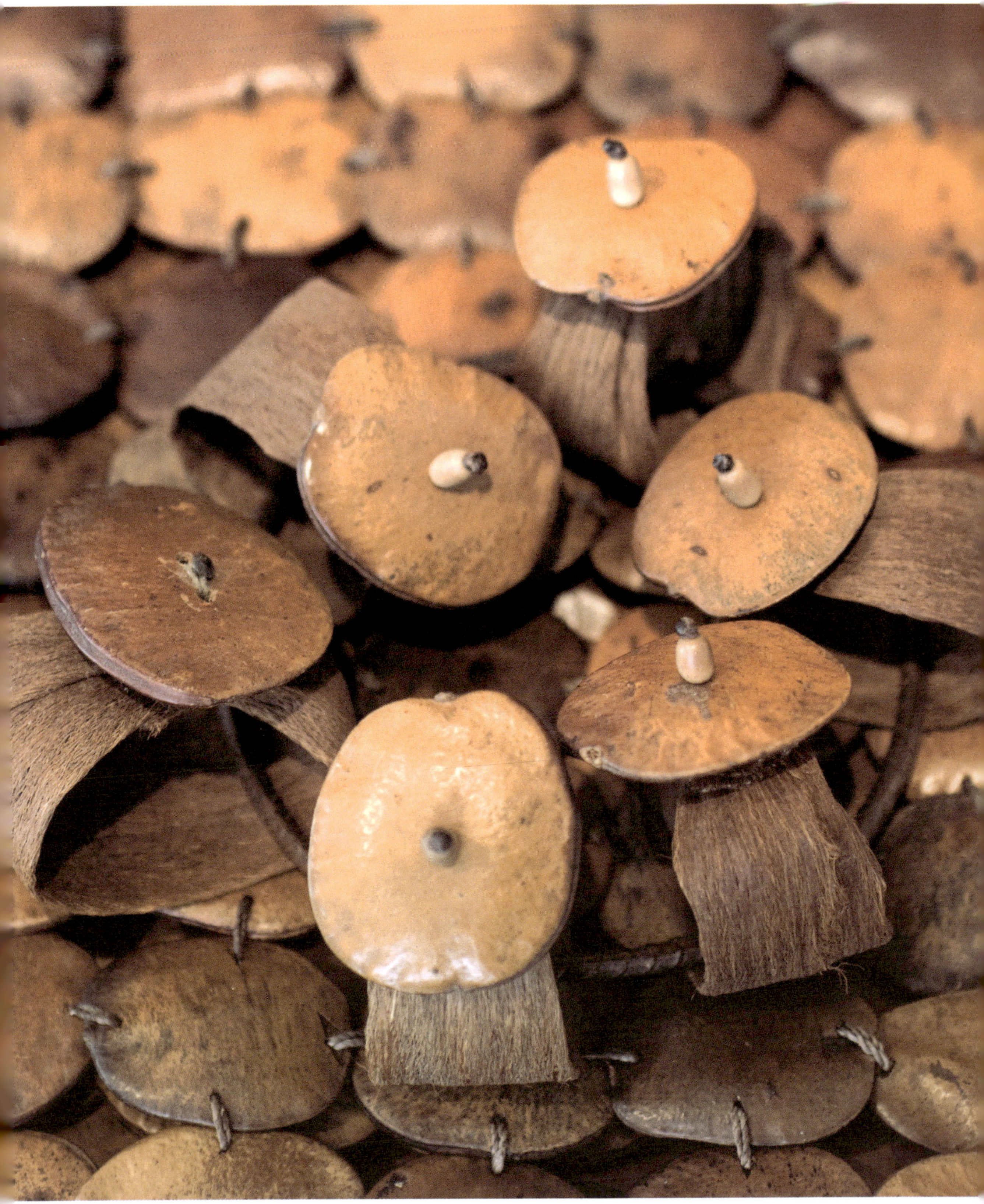

Sumário

PREFÁCIO, por Gringo Cardia 8

QUEM VOS FALA 12

A NATUREZA É TUDO 16
As sobras da natureza e seus caprichos 18
Habitante & hábitat 19
    Coletores e fornecedores 20
    Artesãos 21
    Artesãos e designers 22

SABER OLHAR 25

DAS PLANTAS E DAS ARTES 28
Sementes, plantas e fibras 31

O ARTESANATO COMO OFÍCIO 114
Instituições de apoio ao artesão 115
    Áreas de proteção ambiental (APA)
    e florestas nacionais (Flona) 115
    Programa do Artesanato Brasileiro (PAB) 116
    Serviço de Apoio às Micro e Pequenas Empresas (Sebrae) 117
Como e por que se profissionalizar 117
O artesanato no mercado 118
Quanto vale? 119
Indesejáveis imitações 120
Algumas dicas 120

PROJETOS SOCIAIS EM COMUNIDADES 122
Reciclar com arte 129

REFERÊNCIAS 136

AGRADECIMENTOS 141

Prefácio

Conheci o trabalho de Monica Carvalho e imediatamente me apaixonei.

A maneira com que ela retrabalha os materiais e detritos coletados na floresta me faz olhar para objetos aparentemente simples e neles ver coisas fantásticas, descobrir o design incrível que existe em tudo na natureza.

O trabalho de Monica nos convida a olhar com uma lente macro para coisas que não são perceptíveis a olho nu. Coloca em evidência materiais, texturas, cores, como em uma galeria de arte, e apresenta aos nossos olhos detalhes invisíveis que estavam mimetizados no macro da floresta.

Como cenógrafo e diretor de arte, sempre tive a convicção de que o mais difícil de se fazer na arte da mágica e da ilusão da cenografia é copiar coisas da natureza. Quando reproduzida cenograficamente, qualquer árvore, galho, folha ficará ridícula se o cenógrafo quiser fazê-la parecer natural. Uma tarefa impossível pela inevitável comparação entre o objeto produzido e a perfeição do original.

Uma das tendências do design contemporâneo é juntar tecnologia com formas naturais orgânicas. Os carros, ao invés de seguirem as linhas retas, foram se arredondando; os edifícios da nova arquitetura usam e abusam de formas curvilíneas, peles e texturas orgânicas. A ficção científica sempre traz no seu design espaçonaves e ambientes orgânicos, esqueletos cibernéticos. Inconsciente ou conscientemente, queremos sempre tentar chegar à perfeição da natureza.

A natureza é perfeita em todos os detalhes — raízes, sementes, folhas, com todas as suas formas intrincadas, cores e texturas, numa diversidade única e inimitável. Ela sempre foi e será nossa grande inspiração. Com seu talento único, Monica Carvalho consegue ressignificar sementes, restos de madeira e materiais de coleta em peças híbridas, peças de arte. A originalidade da sua obra está no fato de que suas mãos permanecem invisíveis: num primeiro olhar, parece que o objeto foi feito pela natureza; sempre existiu daquela forma, daquele jeito. Mas, num segundo olhar, mais atento, nos deparamos com a sofisticação do trabalho realizado; nos damos conta da cuidadosa e criativa mistura e reorganização das matérias-primas silvestres realizada pela artista, que se mostra uma mestra na alquimia do *remix*.

Seu design caminha desde a simplicidade de agrupar unidades de um mesmo material tecendo tramas, tecidos, tapetes e peles até a complexidade de misturar diferentes materiais, sementes, cascas, galhos, de variadas origens e formatos, de maneira criativa e harmoniosa. Seu design caminha pelo sensorial tátil.

Monica nos apresenta um design muito pouco invasivo, que valoriza as formas naturais e encanta a todos, pois cada pedacinho é tratado como uma escultura, uma pintura, uma obra de arte.

A simplicidade (aparente) do design dos agrupamentos de fibras, frutas, sementes transforma magicamente o que não é valorizado na sua forma original em joias únicas. O resultado é que o produto final, resultante tanto das misturas mais simples quanto das concepções mais elaboradas e complexas, é sempre muito sofisticado e instigante.

O olhar da designer-artesã nos apresenta materiais em uma função decorativa ou utilitária — em objetos como colares, bolsas, luminárias — e nos faz percebê-los em nosso dia a dia, enriquecendo de beleza nossas vidas. O resultado é único, minimalista e muito generoso, pois permite que o material silvestre seja a grande estrela e o design se torne apenas o meio de apresentá-lo ao olhar contemporâneo. É como redescobrir uma coisa nova de algo muito simples, que sempre esteve ali, perto de nós, possível, acessível.

Essa surpresa nos mostra a possibilidade de um mundo mais renovável, feito de beleza e inovação. Apresenta a reciclagem e a sustentabilidade de forma muito sofisticada, contemporânea, como a única saída para os tempos modernos, como conceito essencial para a ideia de construção de um futuro desejável.

Esses novos objetos apontam para novos horizontes. Horizontes mais generosos com a natureza, que denunciam o excesso de consumismo que corrói e consome as reservas naturais da Terra.

Em todo o planeta, ao longo dos séculos, povos e comunidades vêm utilizando as matérias-primas da floresta para produzir materiais, peças utilitárias e decorativas. Recentemente, experiências artísticas diversas foram desenvolvidas para potencializar novos horizontes para os artesãos. Muitas têm sido desastrosas, pois priorizam o gosto pessoal dos designers, impondo novos formatos e usos que pouco têm a ver com a forma original dos materiais utilizados e com a estética dos povos da floresta, de onde esses materiais foram coletados.

Aqui destaco o trabalho inspirador e comovente que Monica desenvolve com as comunidades onde a artista recolhe a matéria-prima de sua arte. Nessas comunidades, ela incentiva a valorização dos materiais com que os ribeirinhos convivem no seu dia a dia, sem lhes dar muita importância. Ao passar adiante técnicas e invenções de seu artesanato, Monica faz com que os moradores das comunidades pensem em novos potenciais, novos usos para os materiais.

Em contraponto, vejo no trabalho de Monica a valorização do design na linha que as comunidades trabalham, aproveitando seus saberes e talentos, como inspiração na criação de peças contemporâneas.

Para mim, o trabalho de Monica Carvalho é uma grande celebração do desconhecido e do misterioso da natureza. Misterioso para nós, seres urbanos, que não queremos perceber esses segredos, embora eles estejam evidentes e expostos.

Sua arte nos traz a poesia da forma visual dos detalhes da natureza e nos leva a um estado de encantamento pela descoberta da sofisticação das formas naturais. É como vislumbrar o deus da estética e do sublime em todas as formas na natureza. É um trabalho de educação do olhar para o mundo natural, mostrando a diversidade das formas, das cores e das texturas.

A arte de Monica nos convida a uma viagem sensorial através de esculturas mágicas. Ela nos reeduca a observar que todas as inspirações vêm do que já foi criado na natureza. As formas, as cores e todos esses desenhos maravilhosos estão impressos há milhões de anos nas estruturas orgânicas e minerais do mundo em que vivemos. O trabalho de Monica Carvalho nos apresenta essa informação de enorme importância em tempos de extrema necessidade de ressignificações e mudanças de atitude.

Já no Renascimento, o grande mestre Leonardo da Vinci dizia a seu aluno: "Vá aprender a sua lição na natureza". No século XXI, a natureza continua sendo referência da máxima perfeição do design e a grande inspiração de tudo. Para mim, o design sagrado.

Gringo Cardia

quem vos fala

A primeira coisa a dizer neste livro é que sou uma designer-artesã, ou seja, alguém que atua nas duas áreas e não reconhece oficialmente a fronteira entre o ato de criar e o ato de fazer. Portanto, todas as observações aqui expressas partem dessa perspectiva.

Embora eu seja essencialmente urbana, nascida e criada no Rio de Janeiro, meu interesse por pedras, troncos, galhos, sementes, folhas e frutos é hábito que vem da infância. Estivesse eu numa fazenda, numa praia, na praça perto de casa ou no meio do mato, vivia catando coisas e inventando o que fazer com elas. Mais tarde, depois de me formar em Letras, para aperfeiçoar o francês e o inglês fiz cursos de História da Arte no Museu do Louvre, em Paris, e no Metropolitan Museum, em Nova York; no embalo, passei a frequentar cursos de arte no Museu de Arte Moderna do Rio de Janeiro.

Depois disso, trabalhando ainda como professora de inglês, fui passar uns dias em Lauras Novas, ex-quilombo de Minas Gerais, onde conheci uma catadora de lenha, Maria Aparecida Fernandes de Marins – "Cida", cujo pai era cesteiro. Com ela entrei pela mata para catar material. Depois, com seu pai, aprendi a tramar fibras de bananeira e taquara. Fiquei tão entusiasmada, que carreguei de volta para o Rio um monte de tranqueiras orgânicas. Fiz com elas uma porção de objetos decorativos, que passaram a ser muito admirados – e comprados – pelos meus alunos. Foi dessa maneira informal e casual que entrei no universo do design e do artesanato, tendo como suporte as fascinantes sobras da natureza. E nunca mais quis sair dele.

No trabalho de artesanato/arte que apresento aqui, a opção por materiais orgânicos teve desde o início o propósito de chamar a atenção das pessoas para a importância da natureza em suas vidas. Para sensibilizá-las, a ideia é introduzir um pouco de "mata" nos hábitos da vida urbana, trazendo para as peças usadas no dia a dia alguns belos detalhes da natureza. A insistência *em focar nos materiais orgânicos fez com que minhas peças fossem classificadas por algumas pessoas de "krajcberguianas".*

Lisonjeada, fui conhecer pessoalmente Frans Krajcberg, artista plástico polonês-brasileiro profundamente engajado na luta pela preservação da natureza que, em seus trabalhos, vem denunciando sistematicamente as barbaridades que se fazem contra ela. Pude ver de perto algumas de suas obras espetaculares e tive a sorte de receber dele todo o apoio ao meu trabalho.

Para colocar em prática o objetivo de trazer um pouco de mata para a cidade em criações artesanais, venho atuando em várias frentes.

A primeira delas é o trabalho desenvolvido desde meados dos 1990 no meu ateliê, no Rio de Janeiro. O caráter essencialmente experimental desse trabalho me levou a diversificar a produção. Inicialmente, ela era voltada para a confecção de objetos de decoração, peças para a casa – como cachepôs, abajures, biombos, enfeites de cortinas, jogos americanos, fruteiras, almofadas e quadros em forma de caixas. Mais tarde, várias outras linhas de criação foram desenvolvidas, desde joias, bijuterias, bolsas e demais acessórios de moda até tabuleiros de xadrez e esculturas – tendo sempre como base materiais orgânicos, mas conciliando-os, agora, com materiais tradicionais, como couro, chifres, prata e outros metais.

Nos primeiros anos, as peças feitas com materiais orgânicos eram vistas com estranheza e até com certo preconceito. Por volta de 2005, a utilização de materiais extraídos da natureza em acessórios do vestuário e objetos de decoração entrou na moda e virou chiquê. A essa altura, minha experiência no ramo passou a ser referência.

Para escapar das imitações e assegurar um diferencial, fui buscar matérias-primas com apelo étnico de outros países e adicionei às minhas criações principalmente contas e metais africanos. Esse investimento abriu novos horizontes e ampliou meu universo experimental. Atualmente, tenho trabalhado com materiais de origens diversas – desde tecidos e fibras naturais até descartes industriais reciclados, mesclados com materiais vindos da flora brasileira.

A segunda possibilidade, decorrente das necessidades que o trabalho impõe, é pesquisar permanentemente os materiais naturais mais adequados para a confecção de objetos artesanais. É preciso verificar desde a durabilidade e a resistência de cada material até as facilidades ou dificuldades de manuseá-lo, a disponibilidade de oferta em cada região e a legalidade de seu uso.

Uma das minhas atuações mais importantes tem sido a participação em projetos sociais, com o levantamento das habilidades e necessidades dos vários grupos de artesãos espalhados pelo país, com o objetivo de desenvolver com eles novas e mais rentáveis perspectivas de trabalho no setor de artesanato. Essa atividade, de início voltada principalmente para a concepção de peças artesanais a partir de descartes da natureza, teve um importante desdobramento sugerido e patrocinado por empresas privadas também preocupadas com questões ecológicas: atuando junto a grupos de artesãos, tenho desenvolvido trabalhos que compatibilizam esteticamente as matérias orgânicas e materiais de variadas origens, em especial os descartes industriais recicláveis, como alumínio, lata ou plástico PET.

A chance de trabalhar com grupos produtivos espalhados pelo nosso imenso território vem não só me abrindo os olhos para a nossa bela terra natal, como ainda tem me colocado em contato com pessoas incríveis, que têm no artesanato seu sustento, mas principalmente seu foco de vida, sua dignidade.

É essa relação que tem me mostrado que vale a pena acreditar e seguir adiante, contribuindo para erguer e qualificar o artesanato com nosso patrocínio cultural, registrando fazeres por nós, tramas e tudo o mais que nossas mãos possam fazer.

A natureza é tudo

A afirmação de que "na natureza nada se cria, nada se perde, tudo se transforma" é praticamente irrefutável. Mas, neste livro, a palavra "natureza" é usada quase exclusivamente como designação do mundo vegetal. Por isso, a famosa frase do cientista francês Antoine Lavoisier (1743-1794) se aplica apenas parcialmente aos trabalhos que se apresentam aqui: são produções de artesanato/arte que têm a natureza como fonte de inspiração e matéria-prima, mas, para existirem, dependem essencialmente da criatividade humana. Para explicar esses trabalhos, seria mais apropriado dizer que "da natureza quase nada se perde, quase tudo se transforma e com ela muita coisa se pode criar".

Para Marília Chang, diretora do Centro de Referência do Artesanato Brasileiro (CRAB), certas peças são criadas a partir de uma motivação puramente estética e executadas com tal esmero, que ultrapassam o conceito de artesanato e atingem o *status* de arte popular. Geralmente, essas peças são criadas sem a motivação da venda, mas simplesmente pela necessidade do artista de expressar seus sentimentos.

Por certo, faz parte da natureza humana a aptidão para transformar materiais da natureza em adornos ou objetos utilitários. Tanto mais quando se tem diante dos olhos e ao alcance das mãos uma flora tão pródiga, tão rica e variada quanto a brasileira.

Em 1500, em sua carta ao rei de Portugal, Pero Vaz de Caminha já demonstrava grande encantamento pelos cocares, arcos, flechas e adornos indígenas, e descrevia detalhadamente "as carapuças de penas verdes, um pano de penas de muitas cores, espécie de tecido assaz belo" usado por aquela gente "que não tem coisa de ferro e corta sua madeira e paus com pedras feitas como cunhas, metidas em um pau entre duas talas mui bem atadas".

Mesmo sendo desastrosamente explorada e destruída pela ação do homem há tempos, a flora brasileira resiste quase milagrosamente. Espalha-se, ainda com grande vigor, pelas terras deste país de dimensões continentais e climas variados — tropical, subtropical, temperado —, disponibilizando cuias, cabaças, madeiras, sementes de toda espécie, galhos, fibras e muito mais. Seu oferecimento é tão farto, que, às vezes, acaba por passar despercebido.

No entanto, se bem observadas e aproveitadas, essas belas sobras da natureza podem ter um significado importante na vida das pessoas, seja pelo reconhecimento e utilização de suas propriedades culinárias e terapêuticas, seja pela simples constatação de sua beleza. Ou ainda porque, de tão belas, elas podem ser aplicadas na confecção de uma grande variedade de produtos artesanais e artísticos sem prejudicar nada e ninguém.

As sobras da natureza e seus caprichos

Nas florestas, rios, praias, manguezais, montanhas e campos, sempre se podem encontrar fascinantes sobras orgânicas, como troncos, galhos, folhas, favas, fibras, sementes, cabaças, frutos, conchas e pedras.

No ato de escolher esses achados, num primeiro momento, o designer — ou o artesão — pode ser levado a optar por aqueles que lhe pareçam mais bonitos, sem prestar a devida atenção à resistência e às dificuldades de manuseio do material. Muitos desses materiais são perecíveis. Alguns podem facilmente carunchar, mofar ou apodrecer por causa de calor e umidade. Alguns aceitam tratamento, outros não. Isso exige uma permanente pesquisa, geralmente feita na base da experimentação.

Embora de modo ainda insuficiente, hoje já se conhece um pouco mais sobre o tratamento de sementes, fibras e cabaças. Sabe-se, por exemplo, que a durabilidade de certas sementes depende do tempo de colher e da forma como são colhidas, transportadas e armazenadas. Há também sementes que duram uma eternidade se não forem furadas, mas um furinho que seja permite a entrada de oxigênio e expõe seu núcleo às intempéries, bactérias e fungos, tornando-as rapidamente perecíveis. Aliás, o clima também é determinante na duração de materiais naturais: nos países europeus de clima seco, as sementes tropicais duram muito mais do que nas regiões onde prevalecem o calor e a umidade.

A experiência com uso de formol revelou que ele pode provocar reações alérgicas sérias e é totalmente contraindicado. A irradiação de raio gama, também testada, além de cara, funciona em sementes mais resistentes, mas é ineficaz quando aplicada às mais vulneráveis, como o olho-de-boi, a faveira, a sibipiruna, os feijões, o inajá, enfim, as sementes carnudas. O que tem dado relativamente certo é o choque térmico, ou seja, de tempos em tempos mudam-se as sementes do freezer para o micro-ondas, e vice-versa. Essa técnica, entretanto, não vale para a peça artesanal já pronta quando, além das sementes, ela é feita com materiais sensíveis a altas temperaturas. O estrago, nesse caso, pode ser completo. A tão usada linha encerada, por exemplo, é inflamável.

Em todo caso, a impermeabilização e as tentativas de aumentar a longevidade dos materiais naturais estão só no começo. Algumas receitas de tratamento já existem, mas seus inventores guardam o segredo a sete chaves, certamente à espera de uma patente. Por enquanto, uma forma de amenizar o problema é agregar ao produto final uma espécie de bula, ensinando o cliente a conservar e a guardar adequadamente a peça adquirida.

Por outro lado, o caráter efêmero dos trabalhos feitos com as sobras da natureza pode levar a uma reflexão mais descontraída, de que o que de fato importa é o processo de criação, o prazer de criar e de realizar um trabalho artesanal. Se a ideia for essa, a durabilidade da peça criada tem valor muito relativo, pois o ato de fazer é que traz ao artista a sensação de dignidade e vitória.

Habitante & hábitat

Antigamente, o habitante da floresta explorava os recursos naturais aleatória e indefinidamente, sem se preocupar com as consequências nem com o esgotamento daqueles recursos. De uns anos para cá, entretanto, provavelmente em função da divulgação dos benefícios da política ecológica de preservação da natureza e de programas de apoio às atividades sustentáveis, nota-se um avanço na mentalidade das pessoas que trabalham com materiais orgânicos e artesanato.

Hoje existem instituições dedicadas a realizar um amplo trabalho de conscientização dos habitantes em relação ao hábitat, seja ensinando-os a utilizar seus conhecimentos sobre a região para que possam trabalhar como guias, coletores de sementes, entre outras atividades, seja orientando-os sobre as riquezas naturais que devem ser preservadas para não se esgotarem, seja ainda incentivando-os a fazer uso dos descartes da natureza em trabalhos artesanais de maneira sustentável. Informações sobre essas instituições são tratadas mais adiante, no capítulo "O artesanato como ofício".

Coletores e fornecedores

O artesanato feito com materiais orgânicos requer a participação de profissionais de diversas áreas, desde coletores e fornecedores de sementes até bordadeiras, crocheteiras, tecelões e designers. Como nem sempre dá para o artista sair catando sementes pela mata por conta própria, ele vai precisar, antes de tudo, de coletores e fornecedores, de preferência os que conheçam muito bem seu próprio hábitat e as conveniências sazonais para a coleta de cada semente ou fruto.

É difícil formar uma rede de coletores e fornecedores. Há 15 anos, não havia como contatá-los formalmente, não havia como pesquisar na internet, por exemplo. Era preciso fazer, literalmente, um trabalho de campo, ou seja, ir buscar os coletores e fornecedores no hábitat deles, na floresta, na zona rural ou onde quer que estivessem. Mesmo hoje, em certas regiões, pessoas que trabalham com descartes da natureza desconhecem o valor dos materiais orgânicos.

No Acre, no convívio com os moradores da floresta, foi possível perceber como eles têm hoje consciência da necessidade de coletar corretamente as sementes, evitando catar todas que lhes aparecem na frente e tendo o cuidado, por exemplo,

Foi pedido a um jardineiro de Nova Friburgo, no Rio de Janeiro, mediante pagamento pelo serviço, que ele guardasse as painas que juntava para jogar fora. Ele demorou a considerar seriamente a proposta, porque jamais tinha imaginado que aquele "lixo", ou seja, aquelas painas macias que enchem almofadas, poderia servir para alguma coisa e até lhe render um dinheiro extra.

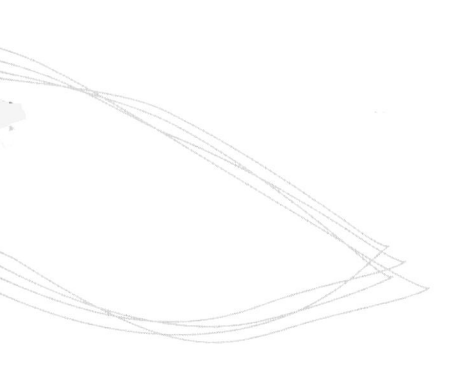

de deixar parte delas no chão para que germinem. Enfim, hoje muitos deles já conhecem as possibilidades e os impedimentos sazonais e outras medidas de preservação da floresta.

Atualmente, já existem algumas referências e organizações em que esses profissionais estão registrados e podem ser encontrados. Mesmo assim, ainda hoje, a maneira mais eficiente de obter materiais orgânicos diversificados e de boa qualidade é pelo contato direto com os coletores, mantendo-os informados sobre as matérias orgânicas que podem ter aplicação nos produtos artesanais e tentando sensibilizá-los para arriscarem novas descobertas de materiais descartados pela natureza.

Artesãos

No Brasil, pode-se dizer que o artesanato é praticado majoritariamente por mulheres, embora haja, na lista dos famosos, alguns nomes expressivos de artesãos homens. A tendência deles e delas é de se organizarem em grupos cooperativos, onde trocam ideias de criação e técnica, e dividem tarefas e lucros. O artesanato tem essa característica de unir as pessoas, inclusive socialmente: em torno do trabalho artesanal, todos são igualmente importantes, compartilham suas histórias pessoais, formam uma espécie de clube.

Grande parte das peças apresentadas neste livro é feita com aplicação de costuras, crochê, tear ou bordados. As mulheres costumam ter uma aptidão mais acentuada para realizar esse tipo de trabalho e, por isso, estão em maioria. Lidando com designs e mescla de matérias-primas inusitados, as artesãs, embora representem a mão de obra principal e ideal para esse tipo de confecção, dependem essencialmente de treinamento. Como a escala de produção é relativamente pequena e o design de muitos produtos muda em função das demandas da tendência, o treinamento dos artesãos deve ser sempre renovado. Além disso, trata-se de um segmento essencialmente experimental, ainda muito improvisado, que requer paciência e perseverança no ato da confecção, além de grande disposição para a pesquisa de matérias-primas e para o processo de tentativa e erro, até que se chegue, talvez, ao acerto. Quando se lida com descartes da natureza, experimentar é a regra número um e requer treinamento redobrado.

Mas esse esforço pode ter resultados muito positivos. Com alguma prática, os artesãos começam a desenvolver um olhar crítico sobre o material e, por conta própria, passam a descartar as peças defeituosas ou a selecionar outras que, mesmo inadequadas para o trabalho daquele momento, podem, pela beleza, ser aproveitadas em outras criações. Por exemplo: dois cálices saindo de um mesmo caule são uma irregularidade rara que torna a flor do imbiruçu especialmente bonita. Com a prática e a sensibilidade, o artesão consegue perceber o potencial daquela irregularidade e, ao guardá-la, já estará imaginando sua aplicação e participando do processo criativo que enriquecerá um próximo produto.

Artesãos e designers

Algumas instituições que desenvolvem projetos sustentáveis com as comunidades de artesãos costumam convidar profissionais de áreas afins para trocar experiências com os chamados "grupos produtivos" do artesanato. Para que o trabalho nas comunidades seja bem-sucedido, deve partir dos grupos de artesãos a iniciativa de solicitar a colaboração de um profissional de fora, um designer, por exemplo. Embora muitos artesãos sejam admiravelmente criativos, às vezes informações sobre as demandas externas — de estilo, moda, qualidade de acabamento, entre outras exigidas pelo mercado — não chegam até eles, e, nesse caso, o olhar de fora exerce uma influência bastante positiva. A atuação de um designer junto a artesãos — profissionais ou iniciantes — consiste em desenvolver com eles novas propostas de produtos a partir do aprimoramento de técnicas e de um novo conceito de design, sem permitir, entretanto, que se percam as características culturais de cada região.

Quando um designer é chamado a trabalhar com esses grupos, sua perspectiva é, obviamente, a de que sua ingerência, tanto no aspecto criativo quanto nas questões de funcionalidade e técnica,

Um bom exemplo: um projeto para a Rede Asta incentivado pela Caixa Econômica

Um grupo de quatro mulheres montava nécessaires com tecidos doados à instituição. Como nossa vivência seria de somente quatro visitas, decidi que o melhor seria aprimorar o que elas já faziam, em vez de introduzir um novo produto. A seleção dos retalhos por gramatura dos tecidos nunca tinha sido considerada por elas. Bastou esse toque para que o produto se transformasse.

Além da gramatura, sugestões focando a harmonia gráfica e tonal dos retalhos proporcionaram um aumento considerável na venda das nécessaires.

possa aperfeiçoar, enriquecer e fomentar o trabalho que os artesãos desenvolvem a partir de seus próprios conhecimentos e de sua cultura. É redondamente falsa a ideia de que os designers vão lá para "ensinar" alguma coisa. Na verdade, sua contribuição consiste em ampliar o horizonte de criação dos artesãos e desenvolver, junto com eles, projetos, técnicas e, em especial, novos designs que tornem seus produtos mais atraentes e mais de acordo com as tendências e exigências do mercado — a respeito das quais um designer geralmente tem mais conhecimento. O artesão, por sua vez, tem domínio e experiência muito maiores quanto às técnicas (de bordados, crochê, tramas) e ao manuseio dos materiais naturais de sua região. Nesse processo, tanto o designer quanto o artesão têm muito a aprender um com o outro.

Um importante aprendizado é a delicadeza com que se deve tratar cada artesão quando uma criação dele está em jogo. Não cabe aos designers convidados intervir numa comunidade de artesãos ou estabelecer o que é feio ou bonito, mesmo quando não concordam com o padrão estético em questão. Nessa delicada relação, só quando se é capaz de reformular e democratizar o próprio olhar é que se pode influir no olhar do outro.

O artesanato está ligado ao espírito lúdico, ao prazer. Se o artesão é privado do prazer que o desafio da criação lhe proporciona, ele desanima. Só mesmo artesãos muito profissionalizados aceitam fazer um produto por encomenda com características predefinidas. Talvez seja papel do designer esclarecer ao artesão que os compradores potenciais das peças que ele está produzindo não devem ser movidos pelo sentimento de pena ou pelo espírito filantrópico, mas sim pelo desejo de obter aquele objeto pela beleza e pela qualidade que ele oferece. Além disso, ambos — designer e artesão — devem saber de antemão que o acabamento é a base para diferenciar o bom artesanato.

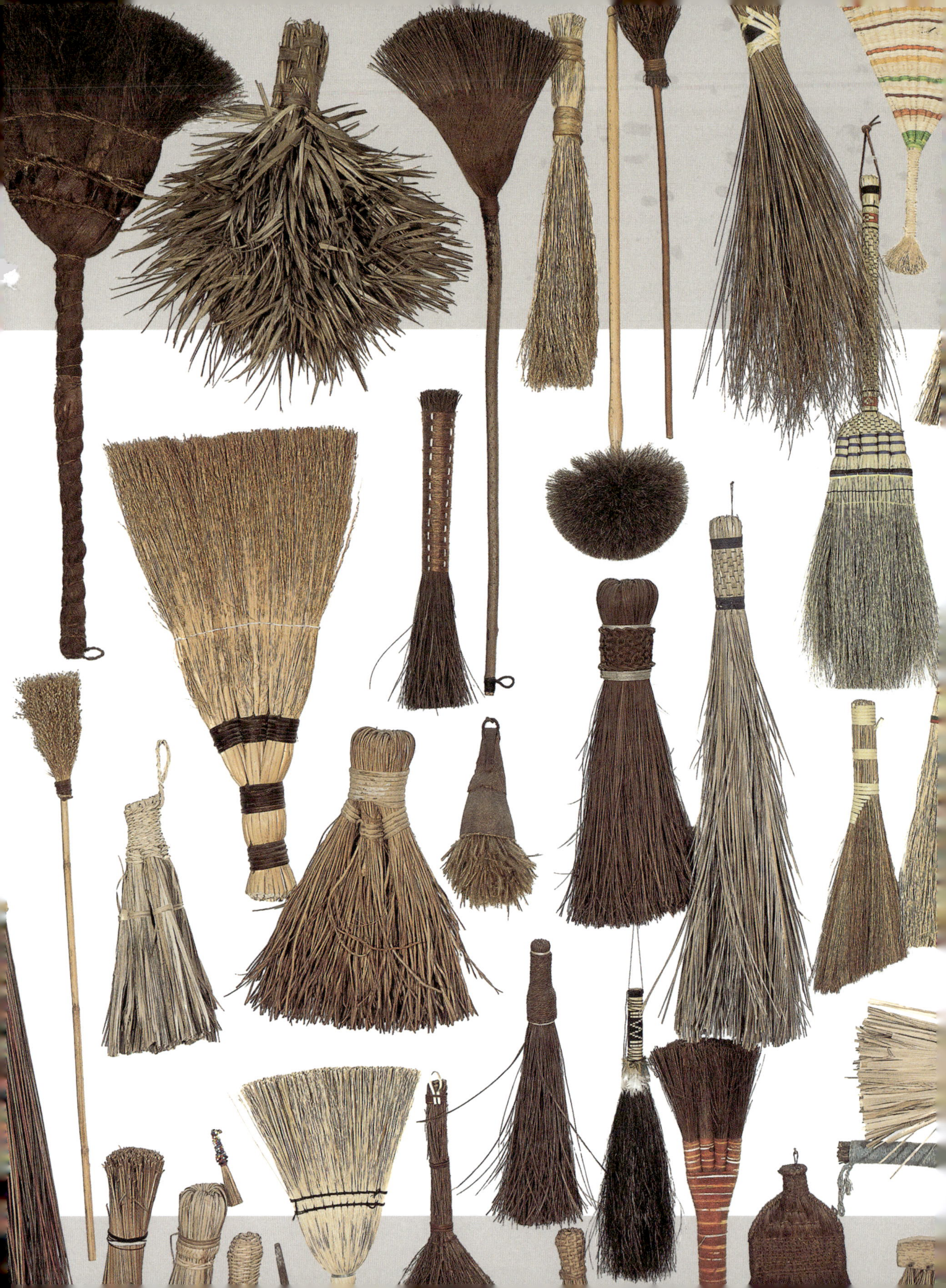

saber olhar

Muitas vezes, as belas sobras da natureza podem estar bem na nossa frente e não as percebemos. Para enxergá-las, é preciso limpar os olhos, em vez de querer limpar o chão por onde elas se espalham. Se o chão já estiver varrido, dependendo do lugar, vale a pena dar uma olhada na vassoura.

VASSOURAS PARA OS OLHOS

Antes de sua fabricação industrial, esse objeto tão prosaico, com função tão predefinida, vinha sendo — e, em muitos lugares, ainda é — confeccionado artesanalmente a partir de galhos, folhagens, palhas e outras sobras da natureza de cada região, escolhidas e configuradas de acordo com as condições da área a ser varrida. Desse modo, pelas vassouras é possível perceber diversas características: é uma espécie de DNA do lugar.

Um caso curioso sobre vassoura ocorreu no Rio de Janeiro, na Estrada da Gávea, onde a vegetação é bastante densa. O gari responsável pela limpeza daquela área, insatisfeito com a eficiência da vassoura cedida pela Comlurb, criou sua própria vassoura com grandes folhas de palmeira que catou na mata. Sobrepôs folha a folha e tramou com arame os caules, prendendo-os a uma haste e formando um leque verde — de vida curta, é verdade, mas de rara beleza.

Dependendo do material com que são feitas, as vassouras podem, entretanto, ter vida longa. Tanto mais quando servem não apenas para varrer, mas também para enfeitar. Depois de adquirir vassouras de várias partes do mundo, desenvolvi as minhas — funcionais, mas também decorativas. Usando materiais como fibras de piaçaba e vários tipos de capim, o corpo da vassoura deve ser arranjado harmonicamente, como em um buquê de flores.

SEPARANDO PARA ENXERGAR

No meio da mata, misturados a folhas, umidade e terra, os descartes da natureza não revelam sua beleza imediatamente. Isolando-os é possível enxergá-los melhor e destacar o que têm de belo. Com essa ideia, criei caixas de madeira brancas e pretas — com certa profundidade e tampo de vidro —, dentro das quais foram fixados arranjos em forma de sequências de tiras de sementes, frutos, galhos ou folhas, entre outros materiais. Essas caixas foram pensadas para serem pregadas na parede, como molduras de quadros, dando a ideia de que a arte, ali dentro, embora arranjada por mãos humanas, é a própria natureza.

JUNTANDO PARA DECORAR

A versatilidade dos materiais da natureza leva o designer que trabalha com eles a desenvolver diversos tipos de composição e aplicação em suas peças. As parcerias são muito importantes. No meu ateliê, vários projetos têm sido realizados com a colaboração de designers de outras áreas, buscando compor peças a partir de mesclas inusitadas. Peças da ceramista Alice Felzenswalb já receberam insumos decorativos feitos por mim com material orgânico. A designer Ângela Carvalho desenvolveu comigo técnicas para a utilização de embalagens recicladas de xampu em colares, bolsas e pulseiras.

Coleção "Design Sustentável"
parceria de Ângela Carvalho e
Monica Carvalho, 2011.

Bowls de Alice Felzenswalb
com interferências de
Monica Carvalho, 2012.

Das plantas e das artes

A área territorial do Brasil atinge, conforme foi publicado na *Sinopse Preliminar do Censo 2000*, 8.514.215,3 km². A maior parte do país fica entre a Linha do Equador, ao norte, e o Trópico de Capricórnio, ao sul, ocupando principalmente a zona tropical do planeta. Por sua situação geográfica e sua dimensão continental, o Brasil tem diversos tipos de clima — equatorial, tropical e subtropical — que favorecem a existência de oito tipos de vegetação natural.

A Floresta Amazônica, de clima equatorial, espalha-se pela Bacia Amazônica; sua área, hoje conhecida como Amazônia Legal, engloba nove estados brasileiros e representa mais de 50% do território nacional. Ela abriga milhões de espécies vegetais e é fundamental para o equilíbrio ambiental do planeta. Para o artesanato orgânico, ela é a maior fonte de matérias-primas: dali se tiram açaí, arara-tucupi, canoinha, castanha-do-pará, fruto-moeda, inajá, jarina, seringueira, tururi e muito mais.

A Mata Atlântica, de clima tropical úmido, estendia-se antigamente do Rio Grande do Norte ao Rio Grande do Sul, com uma grande variedade de plantas, mas foi tremendamente devastada pelos colonizadores, restando hoje apenas 7% da cobertura original. Nela se encontram a bolsa-de-pastor, o guapuruvu e várias plantas que nascem também em outras regiões, como o jatobá, o jequitibá, o flamboyant, o coco.

A Caatinga, de clima semiárido, é a vegetação típica da Região Nordeste. As plantas são espinhosas e contêm poucos nutrientes, mas nem por isso deixaram de sofrer agressões ambientais.

O Cerrado, de clima tropical semiúmido, ocupa principalmente o Planalto Central. Embora seja a segunda maior formação vegetal do país e possua a maior biodiversidade do planeta, o ecossistema do Cerrado vem sendo ameaçado pela soja, pela cana-de-açúcar e pela pecuária. Mas, onde está preservado, o Cerrado abriga plantas como o cinzeiro, o tento, o tingui, além de espécies que dão em vários lugares, como a cabaça, o muruci, o olho-de-boi.

O Pantanal, de clima quente e úmido no verão e seco e frio no inverno, estende-se por Mato Grosso e Mato Grosso do Sul, junto à bacia hidrográfica do Rio Paraguai e seus afluentes, que alagam a planície, formando pântanos — daí o nome Pantanal. É nos períodos de estiagem que a vegetação se desenvolve, proporcionando uma extensa variedade de árvores, plantas e ervas.

Os Campos Sulinos, de clima subtropical, englobam os famosos "pampas" (termo indígena para "região plana"), no sul do Rio Grande do Sul, onde florescem gramíneas de pequeno porte e arbustos; uma variada vegetação de áreas úmidas; e os chamados "campos de cima da serra", típicos de regiões mais altas dos estados do Rio Grande do Sul, Santa Catarina e Paraná, que figuram como enclaves da Mata Atlântica.

As Matas de Araucária, de clima subtropical, são encontradas na Região Sul do Brasil, especialmente no Paraná, e nos pontos de relevo mais elevados da Região Sudeste. É uma cobertura vegetal composta quase exclusivamente de pinheiros, em torno dos quais não se desenvolvem outros tipos de planta.

Os Mangues são característicos das regiões tropicais e subtropicais litorâneas e se desenvolvem em áreas baixas, sujeitas à ação das marés. Ocorrem em quase todo o litoral brasileiro, desde o Oiapoque, no Amapá, até Laguna, em Santa Catarina. São formados por diversos tipos de vegetação, incluindo árvores e outras espécies arbustivas, bancos de lama e de sal, e pântanos salinos.

A seguir estão informações sobre algumas plantas e sementes que podem ter um bom resultado se aplicadas em peças artesanais.

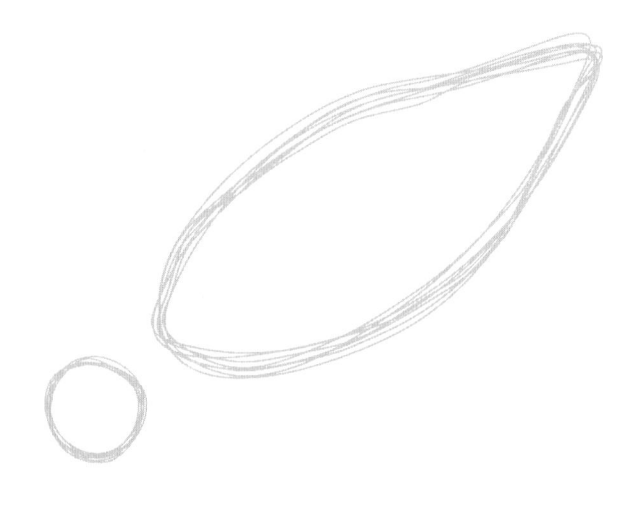

Sementes, plantas e fibras

AÇAÍ

Nome científico	*Euterpe oleracea*
Nomes populares	palmito-açaí, açaizeiro, palmiteiro, piná, uaçaí, açaí-do-pará, juçara
Ocorrência	na Amazônia, abrangendo Colômbia, Venezuela, Equador, Guianas e, no Brasil, os estados de Amazonas, Pará, Amapá, Maranhão, Rondônia, Acre, Tocantins
Uso artesanal	cestas, colares, porta-copos, tabuleiros de jogos, bolsas, almofadas

Também chamado de uaçaí, açaizeiro, palmiteiro, piná, juçara, entre outros, o açaí é uma palmeira que chega a 20, 25 metros de altura, com tronco múltiplo e folhas de dois metros de comprimento; ocorre preferencialmente em áreas de solo úmido, na beira dos rios, em igapós. Além do açaí que leva o nome científico de *Euterpe oleracea*, existe outro, o *Euterpe precatoria*, que se distingue do primeiro porque tem um só tronco e as sementes, quando polidas, ficam mais claras.

Pode-se dizer que do açaí tudo se aproveita. Além de ser uma palmeira ornamental muito usada em paisagismo, sua raiz é usada como vermífugo e seus frutos são um complemento básico na alimentação dos povos e também dos pássaros da floresta. Os refrescos, geleias e sorvetes feitos com a polpa do açaí já ganharam o mundo, assim como o apreciado palmito, explorado pelas indústrias de conservas. A madeira dos troncos, resistente a pragas, é usada em construções rústicas, caibros e barrotes, e as folhas podem servir de telhado ou se transformar em palha para a confecção de chapéus, esteiras, cestos e vassouras. O açaí oferece ainda lindas sementes, utilizadas na confecção de colares, pulseiras, bolsas, tabuleiros de xadrez, porta-copos e outras peças.

As sementes do açaí são pouco propensas a caruncho, mas jamais devem ser guardadas em saco plástico ou em lugar abafado. É aconselhável colocá-las no sol e hidratá-las com óleo natural de tempos em tempos.

Porta-copo de açaí

Material:
(para peça medindo 10 cm X 10 cm)

- cerca de 120 sementes de açaís furadas
- linha encerada

Ferramentas:
tear, agulha, tesoura

Modo de produção:

1. Deixar 10 cm de linha e enlaçar o encaixe mais externo de um dos lados do tear. Tencionar essa linha e enlaçar encaixe que está do outro lado do tear, na mesma direção. Trazer a linha para o lado em que esse processo foi iniciado e enlaçar o segundo encaixe; agora levar a linha até o outro lado, repetindo esse zigue-zague até chegar ao último encaixe. Arrematar com um nó. O tear está pronto para ser utilizado.

2. Montar um tear com 12 fios. Amarrar uma linha longa em um dos fios externos do tear.

3 Nessa linha, enfiar 11 açaís. Posicionar esse fio verticalmente sobre os fios do tear montado. Cada açaí ficará entre duas linhas.

4 Passar a agulha por todos os açaís e enlaçar o fio da outra ponta. Colocar mais 11 açaís no fio e repetir o mesmo processo até atingir 10 cm.

5 Quando terminar as 11 fileiras, pegue outra linha longa, amarre-a na primeira fileira de açaí na linha externa do tear e vá dando nós, tencionando cada açaí. Faça o mesmo processo do outro lado. Para arrematar, corte e queime as pontinhas.

6 Tirar o porta-copo do tear cortando os fios.

7 Queimar todas as pontas excedentes.

ARARA-TUCUPI

Nome científico	*Parkia pendula*
Nomes populares	arara-tucupi, tucupi, paricá, visgueiro, faveira-benguê, faveira-pé-de-arara
Ocorrência	Região Amazônica
Uso artesanal	colares, pulseiras, brincos

Belas folhas e muitos galhos formam a larga copa da arara-tucupi, árvore que chega a atingir entre 20 e 30 metros de altura. Típica da região Amazônica, mas ocorrendo também no sul da Bahia e no norte do Espírito Santo, ela gosta das áreas de terra firme da floresta e da várzea alta de solo arenoso. Sua madeira, embora um pouco pesada, é macia, fácil de cortar e durável quando aplicada em interiores. Vem sendo usada na construção civil e na produção de móveis e objetos simples, caixotaria e brinquedos.

A arara-tucupi cresce muito rapidamente, o que a torna bastante apropriada para a recuperação vegetal de áreas degradadas. Sua beleza e seu longo tempo de vida tornam-na ideal para a arborização de praças públicas, parques e avenidas. A flor é uma bolota vermelha gordinha, sustentada por uma estrutura parecida com um pêndulo, que chega a medir um metro de comprimento. Os frutos, quando amadurecem, ainda ficam alguns meses pendurados nas árvores e só devem ser colhidos depois de começarem a cair espontaneamente. Mais tarde, devem secar ao sol para facilitar a abertura manual da vagem e a retirada das sementes.

Colar longo

Material:
- 1 m de linha encerada
- sementes de arara-tucupi
- chips de coco

Ferramentas:
furadeira Dremel, broca finíssima, agulha, tesoura

Este colar pode ser montado com diversas sementes e variações – murici + tamboril / flamboyant + paxiubão / tento + açaí.

Modo de produção:

A furação das sementes é um trabalho delicado, pois elas são muito pequenas e podem escapulir com a pressão da máquina. Antes de usar a furadeira, fazer uma pequena cavidade com a pressão de agulha grossa para facilitar a entrada da broca.

1 Cortar a linha encerada do tamanho desejado, comprida o suficiente para entrar pela cabeça, sem precisar de fecho.

2 Enfiar as sementes na linha, intercalando arara-tucupi com chip de coco (ou outras sementes, como açaí).

3 Dar um nó duplo para fechar o colar e queimar as pontas.

BOLSA-DE-PASTOR

Nome científico	*Zeyheria tuberculosa* (Vell.) Bur
Nomes populares	bolsa-de-pastor, ipê-felpudo, ipê-tabaco, bucho-de-carneiro, ipê-boia, ipê-cabeludo, ipê-cumbuca, ipê-uma, velame-do-mato, saco-de-carneiro, camaruçu, cascudo
Ocorrência	Espírito Santo, Minas Gerais, Paraná, Rio de Janeiro, São Paulo
Uso artesanal	cachos de parede, base de castiçal

Bolsa-de-pastor é uma árvore que chega a ter de 15 a 23 metros de altura, e sua elegância é muito apropriada ao paisagismo. Na Floresta Pluvial Atlântica e na bacia do Paraná, em solos de média e alta fertilidade, ela se multiplica com facilidade e cresce rapidamente, o que a torna recomendável em reflorestamentos heterogêneos de áreas degradadas. Seu tronco é leve e resistente, e fornece uma madeira durável, própria para a confecção de cabos de ferramentas e de instrumentos agrícolas.

A bolsa-de-pastor floresce de novembro a janeiro e seus frutos amadurecem de julho a setembro. Os frutos devem ser colhidos quando tiver início a abertura espontânea. Depois, devem ser colocados ao sol para acabar de abrir e soltar as sementes. Nesse processo de secagem, é necessário cobri-los com uma tela, para que o vento não leve embora as sementes. O fruto, que se abre em dois, pode se transformar em belas peças. Ele pode medir de cinco a 15 centímetros e é espinhoso, áspero e poeirento; portanto, requer cuidado ao ser manipulado.

Cacho decorativo

Material:

- cerca de 40 frutos secos de bolsa-de-pastor
- 1 argola de metal ou osso
- cerca de 1 m de corda grossa e resistente
- linha encerada
- 2 cones de chifre (ou outro material) de aproximadamente 2 cm, cujo espaço interior permita a passagem da corda

Ferramentas:

furadeira, tesoura, agulha, escova de aço

Modo de produção:

1 Antes de tudo, deve-se limpar energicamente a bolsa-de-pastor com escova de aço. O fruto é áspero e espinhento, e o trabalho faz sujeira e levanta poeira. Convém usar máscara e luvas.

2 Fazer um furo pequeno na extremidade pontiaguda dos frutos secos. Formar vários pares amarrando as extremidades com linha encerada e deixando sobrar bastante linha para posterior arremate.

3 Prender a argola numa das pontas da corda. Enfiar pela outra ponta os dois cones de chifre até que cubram a costura da argola. Travar os cones dando um nó na corda e arrematar com linha encerada para garantir a estrutura.

4 Costurar os pares de bolsas-de-pastor à corda com a sobra da linha que os uniu enfiada em agulha. Esse trabalho deve ser feito de cima para baixo, buscando preencher a corda em movimento espiralado.

Este cacho pode ser feito com a canoinha.

BURITI

Nome científico	*Mauritia flexuosa*
Nomes populares	palmeira-dos-brejos, carandá-guaçu, buritizeiro
Ocorrência	Maranhão, Piauí, Ceará, Distrito Federal, Minas Gerais, Mato Grosso
Uso artesanal	painéis, colares, esculturas

Esta espécie de palmeira amazônica se desenvolve em terrenos baixos com grande oferta de água, como margens de rios, áreas brejosas ou permanentemente inundadas, formando aglomerados de plantas chamados de buritizais.

O buriti pode alcançar até 35 metros de altura. Suas folhas, que podem ter entre três e cinco metros de comprimento por dois a três metros de largura, são geralmente usadas para cobertura de casas ou para a produção de artesanato.

CABAÇA

Nome científico	*Lagenaria vulgaris* (ou *siceraria*)
Nomes populares	cabaça-amargosa, cabaça-de-romeiro, cabaça-purunga, cocombro, cuia, cuietezeira
Ocorrência	em vários países do mundo e em todas as regiões brasileiras
Uso artesanal	vasilhame, cuia, afuchê, maraca, peças decorativas, esculturas

Esse nome científico — *Lagenaria "vulgaris"* — deve ter sido dado à cabaça porque ela nasce em qualquer lugar do mundo. No Brasil, podem-se encontrar cabaças na Amazônia, na Caatinga, no Cerrado e na Mata Atlântica. Amapá, Maranhão, Pernambuco, Goiás, Minas Gerais, Rio de Janeiro e Paraná são estados onde a presença das cabaças é garantida, mas isso não quer dizer que elas não apareçam em outros lugares. No Rio Grande do Sul, por exemplo, as famosas cuias de chimarrão são feitas com cabaça, que os gaúchos chamam de porongo.

Com folhas vigorosas, em meio das quais despontam belas e vistosas flores, a cabaça se garante como planta ornamental. O fruto, quando verde e pequeno, é amargo e suculento, mas em Minas, picadinho e depois de ficar de molho, é comestível. A polpa do fruto é purgativa e emoliente, e as sementes são antinefríticas, mas — cuidado! — sua ingestão em doses excessivas é perigosíssima, podendo causar hemorragias mortais. O melhor mesmo é usar o fruto já maduro da cabaça para outras coisas, porque, depois de seco, retiradas a polpa e as sementes, ele tem mil e uma utilidades, podendo se transformar, graças à sua enorme variedade de formas e tamanhos, em vasilhame, cuia, instrumento musical — como maraca, afoxé, chocalho — e um monte de peças decorativas de artesanato.

Fruteira, balde de pipoca, bowl, petisqueira

Material:
- cabaça
- sementes de açaí
- argolinhas de madrepérola
- linha encerada
- argola de chifre para apoio

Ferramentas:
furadeira, tesoura

Modo de produção:
Para lidar com a cabaça, a primeira recomendação é verificar se a semente e o bagaço foram inteiramente retirados, porque, do contrário, é quase certo que vá dar bicho. Para tanto, serrar a cabaça na altura desejada, retirar a polpa e as sementes, e deixá-la imersa em água por três dias. Tirar a água e, com uma colher, raspar bem o interior. Deixar secar.

1 Fazer furos com distâncias iguais em torno da abertura, deixando o espaço de 1 cm entre a borda e o adorno escolhido (a distância depende do tamanho do adorno e da cabaça).

2 Enfiar uma semente de açaí numa ponta de linha dobrada. Se necessário, usar uma agulha. Juntar as duas linhas e enfiar no buraco de dentro para fora.

3 Agora juntar as duas pontas e enfiar uma argolinha de madrepérola seguida de outra semente de açaí. Arrematar com um nó, depois cortar e queimar a ponta. Repetir esse processo em cada furo.

4 Para a cabaça ficar equilibrada, usar uma argola de chifre como apoio.

> Para uma petisqueira com a cabaça medindo cerca de 10 cm de diâmetro, utilizam-se oito argolas de madrepérola, 16 sementes de açaí e 4 m de linha encerada.

Objeto decorativo. Entre as muitas aplicações da cabaça, aí está um exemplo de peça puramente decorativa, feita com uma base de ferro e um pino pontiagudo que sustenta uma cabaça e, sobre ela, um camafeu tuaregue.

CANOINHA

Nome científico	Provavelmente *Marsdenia sp*, da família *Apocynaceae*
Nome popular	canoinha
Ocorrência	Amazônia
Uso artesanal	cachos de pendurar, pingentes de colar, pendurichalos decorativos

É difícil explicar a história da canoinha. Um *site* alemão (www.natuerlichbasteln.de) atribui a ela o nome científico de *Funtumia elastica* e diz tratar-se de uma seringueira de origem africana cujos frutos, secos e em forma de cápsulas, se chamam "dinjango". No entanto, pela descrição e pelas imagens do *site*, o tal dinjango é igualzinho à nossa canoinha brasileira.

Já o *site* do Dried Botanical ID, com descrição e imagens quase idênticas às do *site* alemão, garante que o nome científico da canoinha é *Marsdenia sp* e que provavelmente ela é nativa do Brasil. Ambos concordam, entretanto, que essa planta é da família *Apocynaceae*. Com essas referências, chegamos a um texto de L. Watson e M. J. Dallwitz (2013) explicando que a *Marsdenia sp* pode ser erva, cipó, arbusto, raramente árvore, e que contém látex.

O fato é que a canoinha é um folículo, ou seja, um fruto seco com apenas uma folha carpelar, que, ao se abrir, apresenta uma só fenda. Medindo entre nove e 15 centímetros de comprimento e três a quatro centímetros de largura, ele se abre quando está maduro para liberar as sementes. E adquire a forma de canoa, com cores bem definidas: por fora, marrom-escuro, liso; a parte interna é bege, com uma película grossa entremeada de pequenas reentrâncias, que são as marcas das sementes que abrigou. A graça da canoinha, por si só, enfeita qualquer lugar. Por isso ela sugere vários usos, como cachos, pingentes de colar, grigri.

Colar com pingente

Material:
- 2 açaís
- 1 canoinha
- 1 jarina furada (ver "jarina" na página 78)
- linha encerada
- 1 m de cadarço de algodão

Ferramentas:

furadeira Dremel, agulha, tesoura

Modo de produção:

1 Furar a extremidade superior a 0,5 cm do limite da canoinha.

2 Furar a jarina e cortar cerca de 30 cm de linha encerada e 1 m de cadarço. Passar a linha encerada no furo da canoinha. Juntar as duas pontas da linha e atravessar o furo da jarina. Trançar e arrematar no cadarço.

3 Laçar o cordão de cadarço com a linha encerada, dar um nó e voltar com as duas pontas juntas pelo furo da jarina. Dar outros dois nós de laço. Cortar a linha deixando sobra de 1 cm e queimar as pontinhas.

4 Arrematar as duas pontas do cadarço com dois açaís. Enfiar um açaí em cada ponta, dar um nó na ponta de cada cadarço, empurrar o açaí contra esse nó e dar outro nó para prendê-lo.

CAPA-COCO

Nome científico	*Espata* (nome genérico: *bráctea*)
Nome popular	capa-coco
Ocorrência	onde houver palmeiras
Uso artesanal	esculturas, painéis, pêndulos, porta-incenso, tigela, porta-petiscos

Capa-coco é um componente de praticamente todas as espécies de palmeira. De consistência mais rígida do que as folhas, é um tipo de sustentáculo das flores da palmeira, tendo a função de proteger todo o processo de floração. Por isso, sua primeira função é se manter fechado por um tempo. Só vai abrir, lentamente e no sentido longitudinal, quando estiver na hora de expor as flores ao sol. Sua aparência depende da espécie de palmeira a que pertence. Há capa-coco de todos os tamanhos e formas. Alguns chegam a mais de um metro de comprimento e ficam esticados, bem retinhos; outros se retorcem em curvas impecáveis. Por fora eles têm uma série de linhas reticuladas, fininhas e simétricas, no sentido longitudinal. Por dentro sua textura é lisa e brilhosa, dando a impressão de ter sido envernizada. Seu interior côncavo e suas diversas formas sugerem múltiplas utilizações.

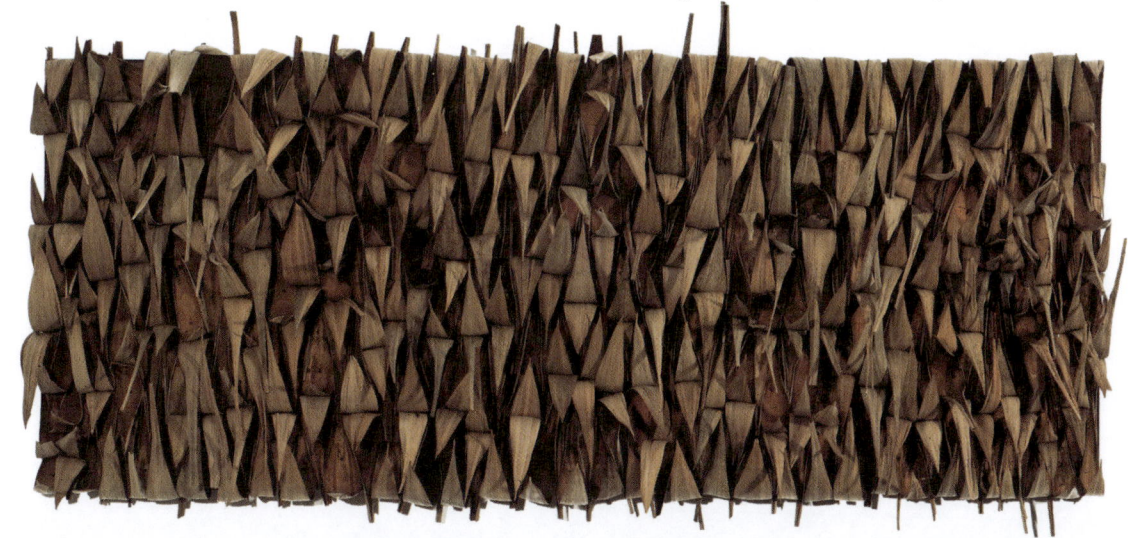

Objeto decorativo conhecido como "amarrado"

Material:
- cerca de 20 capa-cocos
- cerca de 60 cm de linha encerada

Ferramentas:

alicate de corte, escova, tesoura, agulha

Modo de produção:

1 Escovar os capa-cocos para retirar os resíduos, aparar as pontas e juntá-los como um buquê.

2 Passar a linha e dar um nó em volta de um capa-coco. Deixar um excedente de linha de cerca de 10 cm. Passar esse fio para a base do buquê e começar a envolver, de baixo para cima, todas as hastes de capa-cocos, inclusive o pedaço menor da linha formando uma espécie de coleira. Atenção: a linha, deve ficar bem apertada. Ao final, dar um acabamento com uma agulha.

3 Se desejar, usar duas linhas juntas de cores diferentes ou fazer dois segmentos de duas cores. Para uni-las, dar um nó e passá-lo para dentro do buquê para escondê-lo. Quando chegar à largura desejada, fazer uma volta em somente uma haste de capa-coco e voltar a esconder o nó dentro do buquê com uma agulha.

Várias peças decorativas podem ser criadas com o capa-coco, como quadros e esculturas.

CARNAÚBA

Nome científico	*Copernicia prunifera* (Miller) H.E. Moore
Nomes populares	carnaubeira, "árvore da vida" (segundo o naturalista Humboldt)
Ocorrência	Caatinga, Nordeste brasileiro
Uso artesanal	brincos, cachos, colares

Escritores como Mário de Andrade, José de Alencar e Euclides da Cunha destacaram sua beleza em suas obras. Seu nome é derivado do tupi e significa "árvore que arranha", devido à camada de espinhos que cobre a parte inferior do seu tronco.

Também chamada de "árvore da vida", todas as suas partes são aproveitadas; é uma das espécies mais comuns do semiárido nordestino. A madeira de cor avermelhada é muito resistente e é utilizada para a construção; as raízes são usadas na medicina; as frutas são usadas como ração; e as folhas servem para fabricar papel, chapéus, fibras para esteiras, telhados de casas e diversos produtos artesanais. O produto da carnaúba mais conhecido mundialmente é sua cera, que serve para muitas aplicações, como nas indústrias de cosméticos e remédios. O processo artesanal que dá origem à cera da carnaúba sobrevive ainda hoje, em meio às técnicas modernas de extração tecnológica.

CASTANHA-DO-PARÁ

Nome científico	*Bertholletia excelsa* H.B.K.
Nomes populares	castanha-do-pará, castanheira, castanha-do-brasil
Ocorrência	Amazonas, Pará, Rondônia, Acre, norte de Goiás e Mato Grosso
Uso artesanal	porta-joias, castiçal, berloques de Natal

Embora seu nome mais popular seja "castanha-do-pará", essa castanheira, chamada cientificamente *Bertholletia excelsa*, é uma árvore alta e bela, nativa de toda a Região Amazônica — incluindo Brasil, Peru, Colômbia, Equador, Bolívia, Guiana, Suriname, Venezuela e Guiana Francesa — e cultivada até em pomares domésticos de todos os estados brasileiros. Talvez por isso também seja conhecida, principalmente no exterior, como castanha-do-brasil. Aliás, trata-se de um dos mais importantes produtos de exportação da Amazônia, tanto que é o símbolo da bandeira do Acre. Seu ambiente preferido são as regiões de terra firme (não inundável) de toda a Amazônia.

A situação da castanha-do-pará atualmente é delicada: a União Mundial para a Natureza (IUCN) coloca-a na categoria de "vulnerável" e, no Ministério do Meio Ambiente do Brasil, ela aparece na lista de espécies ameaçadas. O desmatamento, como sempre, é a principal causa para o risco de extinção.

As flores da castanheira só são polinizadas por certo tipo de insetos atraídos por orquídeas que vivem nas proximidades, e as sementes, quando conseguem escapar dos inimigos — roedores, micos ou humanos —, levam de 12 a 18 meses para germinar. Atingindo entre 30 e 50 metros de altura, a árvore da castanha-do-pará é uma das mais altas da Amazônia. Sua madeira lisa, macia e fácil de cortar é usada em assoalhos, painéis decorativos, forros e divisórias. As sementes, ou seja, as castanhas-do-pará propriamente ditas, são um alimento rico em proteínas, calorias e selênio, substância que, segundo dizem, reduz cânceres, combate radicais livres e fortalece o sistema imunológico. O fruto que abriga essas sementes tão poderosas leva cerca de um ano para amadurecer e fica quase do tamanho de um coco. Sua casca é muito dura, mas tem o formato de um pote, bem sugestivo para o artesanato.

Embalagem (para joias, bijuterias, essências de lavanda, sachês)

Material:

- fruto da castanha-do-pará
- 15 cm de elástico colorido
- linha encerada
- fibra de coco
  (ou outro material relativamente rígido)

Ferramentas:

furadeira Dremel, tesoura, lixa, agulha

Modo de produção:

Depois de cortado e limpo, o fruto de castanha-do-pará vira uma espécie de cuia. Esse trabalho de cortar e limpar é realizado pelos fornecedores e faz parte do processo de reciclagem resultante da exploração e do comércio da castanha propriamente dita.

1 Lixar a base da cuia, nivelando-a para que fique em pé. Fazer um furo no meio da base largo o suficiente para permitir a entrada do elástico dobrado.

2 Dobrar o elástico no meio, enfiar a dobra, de fora para dentro, no furo da cuia e dar um nó cego. Esse procedimento pode ser facilitado com a utilização de uma agulha de buraco largo.

3 Para fazer a tampa, cortar a fibra de coco (ou outro material) no tamanho da boca da cuia e abrir dois furos em lados opostos, a 1 cm da borda, respeitando a direção da fibra, pois, do contrário, o buraco se desfaz.

4 Passar cada ponta do elástico em um dos furos da tampa. Ajustar a tensão do elástico para que ele segure firmemente a tampa junto à boca da cuia.

5 Arrematar cada uma das pontas costurando as dobras com linha encerada de cor diferente da do elástico.

Outra sugestão para a cuia da castanha-do-pará é o castiçal. Virando a cuia já furada de cabeça para baixo, colocar no furo um pino de ferro com o terminal em forma de pires que sustenta a vela.

CHAPÉU-DE-NAPOLEÃO

Nome científico	*Thevetia peruviana*
Nomes populares	noz-de-cobra, cerbera, acaimirim, auaí-guaçu
Ocorrência	América do Sul
Uso artesanal	colares, brincos

Este arbusto, bastante utilizado no paisagismo, é muito venenoso; a ingestão de qualquer parte — cascas, flores ou frutos — provoca intoxicação, vômito, queimadura na pele, parada cardíaca e até morte.

As flores são muito bonitas, tubulares, perfumadas, de coloração laranja ou amarela. Os frutos são do tipo drupa e muito atrativos, de formato subgloboso, como uma castanha, com duas a quatro sementes grandes e tóxicas. Ocorrem ainda variedades de flores brancas ou róseas. O nome vem do formato do fruto, que se assemelha ao típico chapéu do imperador francês. Pode chegar a quatro metros de altura.

CINZEIRO

Nome científico	*Vochysia tucanorum* Mart
Nomes populares	cinzeiro, fruta-de-tucano, pau-de-tucano, rabo-de-arara, canela-santa, amarelinho, pau-doce
Ocorrência	São Paulo, Rio de Janeiro, Goiás, Mato Grosso do Sul, Minas Gerais, principalmente no Cerrado
Uso artesanal	colares, arranjos de Natal

Cinzeiro é uma árvore de copa arredondada, que chega a ter de oito a 12 metros de altura. Ela tem um longo período de florescimento e fica repleta de flores amarelas, em cachos voltados para cima, o que a torna especialmente apropriada para as ações de paisagismo. Embora tenha crescimento lento, ela se presta aos reflorestamentos heterogêneos, pois se adapta bem a terrenos arenosos e pobres. O tronco é coberto por uma casca acinzentada e a madeira é leve, macia e vulnerável às intempéries, servindo como lenha para caixotaria e confecção de brinquedos. Os frutos são cápsulas que protegem as sementes e se abrem espontaneamente para liberá-las. Tendo um formato parecido com o da carambola, o fruto do cinzeiro, ainda fechado, tem três gomos marrons que, ao se abrirem, revelam um interior bem mais claro, ao mesmo tempo em que unem as faces até então externas, quase fechando-as.

Colar

Material:
- 25 frutos cinzeiro
- 1,80 m linha encerada

Modo de produção:

1 Dobrar a linha ao meio e passar em volta de um fruto cinzeiro. Certificar-se de que cada fio de linha ficará encaixado no sulco da semente.

2 Dar um nó amarrando o fruto individualmente e seguindo a sequência do colar.

3 Para finalizar, dar um nó, cortar o excedente da linha e queimar a pontinha.

COCO

Nome científico	*Cocos nucifera* L.
Nomes populares	coco, coco-da-baía, coqueiro, coqueiro-da-baía
Ocorrência	na costa atlântica brasileira do Pará a São Paulo, principalmente nos estados do Nordeste, e em várias regiões tropicais do mundo
Uso artesanal	cuias, contas, mantas, redes, tapetes etc.

Não se sabe ao certo a origem do coco: muitos dizem que é nativo da Polinésia, da Índia, do Havaí ou até do Brasil. Alguns acreditam que ele chegou aqui trazido pelas correntes marítimas, já que o fruto, que funciona como semente, flutua. Mas parece que o coco do Nordeste brasileiro é o único que apresenta três furinhos no endosperma, o que indicaria ser nativo daqui. O fato é que o mundo inteiro conhece o coco e é esse seu nome em quase todas as línguas.

O coqueiro se adapta melhor em beira de praia, em ambientes salinos e de restinga. Existem os grandes, que chegam a 20, 25 metros de altura, excelentes para o paisagismo, e os anões, preferidos dos produtores porque dão muitos frutos por ano, fáceis de colher. O coco, além de saboroso, é rico em vitaminas, proteínas e sais minerais — o que explica sua importância econômica no mundo. Quando verde, o fruto contém uma água semelhante ao soro fisiológico, que reduz o colesterol e combate a desidratação. Quando maduro, sua amêndoa, além de se aplicar a uma série de delícias comestíveis, pode virar gordura ou manteiga.

A madeira do coqueiro é pesada e, quanto mais velha, mais resistente. É usada em pilastras de cais pesqueiros e na fabricação de objetos como bengalas e pequenos móveis. A fibra é usada na confecção de cordas, tapetes, redes e vassouras. A casca da amêndoa, cuja durabilidade é total dependendo da forma como é cortada, se transforma em incontáveis peças artesanais, desde vasos, contas perfuradas, anéis, pingentes, até cuias decorativas, cortinas e esculturas.

COCO-MACAÚBA

Nome científico	*Acrocomia aculeata*
Nomes populares	coco-baboso, coquinho-de-catarro, coco-de-espinho, macaíba, bocaiuva
Ocorrência	Mato Grosso, Mato Grosso do Sul, Minas Gerais
Uso artesanal	esculturas, enfeites de Natal

Esta palmeira pode ser encontrada em quase todo o Brasil; seu nome significa "coco amarelo" em tupi-guarani.

A presença da palmeira de macaúba sinaliza solos férteis. Seu cacho pesa até 60 quilos e os frutos são importantes para a fauna nativa, pois alimentam araras, cotias, capivaras, antas e emas.

Uma história curiosa: uma vez, voltando de uma viagem, carregada de pacotes, ao pegar um táxi no Aeroporto Santos Dumont, um pacote cheio de coquinhos se rompeu. O taxista imediatamente perguntou: — "Este não é o coquinho-catarro? Eu adorava comê-los quando criança!"

Seu aproveitamento é total: do fruto até a madeira. A polpa e a farinha são retiradas de seus frutos, ricos em vitamina A e betacaroteno, e podem ser usadas para fazer suco, bolos, sorvetes e doces. As folhas são utilizadas na confecção de redes e linhas de pescaria. Sua madeira pode ser aproveitada para a construção de casas.

FLAMBOYANT

Nome científico	*Delonix regia*
Nomes populares	flamboyant, acácia-rubra, árvore flamejante, flor-do-paraíso, pau-rosa
Ocorrência	regiões de climas equatorial, tropical e subtropical
Uso artesanal	porta-guardanapos, colares, bolsas, esculturas

A fama do flamboyant é de ser a árvore mais bonita do mundo. Não é para menos. Sua copa, em forma de guarda-chuva, chega a ser maior do que o comprimento da árvore — que atinge cerca de 12 metros de altura — e, quando as flores aparecem, vermelhas e brilhantes (às vezes alaranjadas ou amarelas), ocupam inteiramente o lugar das folhas. Daí ser chamada de flamboyant, ou seja, flamejante. Originário da África — de Madagascar e de ilhas do Oceano Índico —, o flamboyant se adaptou perfeitamente ao clima e ao solo do Brasil, podendo ser encontrado em qualquer parte do país. É uma árvore que cresce com rapidez (cerca de um metro e meio por ano, até atingir a maturidade) e aceita terrenos secos ou úmidos, desde que a terra seja porosa. O sol é fundamental para seu crescimento, mas ela aguenta bem o frio.

Com todas essas qualidades, o flamboyant reina poderoso no paisagismo. Mas, como nem tudo são flores, há também as raízes, e estas não pedem licença para se expandir, podendo danificar calçadas e o que existir embaixo delas. Por isso, é preferível que o flamboyant seja plantado em lugares espaçosos, como parques, praças e jardins.

Os frutos do flamboyant são enormes favas — vagens com cerca de 45 centímetros de comprimento — lenhosas e geralmente planas que, embora fiquem o ano todo na árvore, só devem ser retiradas no período em que não há flores, para não prejudicar a fase em que impera a beleza da cor. Em alguns raros casos, as vagens aparecem retorcidas num semicírculo parecido com o formato de ferradura. As sementes são delicadas e vulneráveis.

FRUTO-MOEDA

Nome científico	*Macrolobium bifolium*
Nomes populares	arapari, iperana, ipê-de-várzea
Ocorrência	Região Amazônica (principalmente no Pará e nas Guianas)
Uso artesanal	bolsas, mantas, capas de almofada

O fruto-moeda é uma árvore que atinge de cinco a 10 metros de altura e ocorre na beira de rios, em mata pluvial de várzeas na Amazônia. Suas flores são brancas e os frutos são do tipo vagem. Eles aparecem maduros na época de cheia dos rios e, ao caírem na água, servem de alimento aos peixes. Como produzem grande quantidade de sementes, as árvores de fruto-moeda costumam ser plantadas em regiões devastadas nas ações de reflorestamento.

O fruto-moeda é um exemplo de semente que, uma vez furada, vai se deteriorando em virtude de ação do oxigênio em seu núcleo. Os primeiros sinais de desgaste, ou seja, do pó que ela passa a soltar, começam a aparecer cerca de dois anos depois da furação, mas a peça artesanal feita com ela vai durar bem mais que isso. Por outro lado, com o uso e com o tempo, o fruto-moeda tem a peculiaridade de ficar cada vez mais brilhante e mais bonito.

Bolsa, manta, capa de almofada

Material:
- linha encerada
- sementes de fruto-moeda
- no caso de almofadas, cerca de 1 m de linho ou outro tecido e flor de macela

Para uma almofada de 40 cm X 40 cm, utilizam-se 10 m de linha encerada e 80 frutos-moeda.

Ferramentas:
tesoura, agulha grossa e resistente

Modo de produção:
Para trabalhar com o fruto-moeda, é necessário selecionar as sementes pelo tamanho e pelo "estado de saúde" de cada uma: devem-se eliminar as sementes que apresentam alguma deformidade. Nessa seleção, perde-se muita matéria-prima.

1 Unir as sementes com linha encerada e agulha resistente, pois é com ela que se fura a semente. Colocar uma semente sobre a outra (barriga com barriga) e passar a linha, juntando extremidade com extremidade: dar um nó. Juntar a extremidade do outro lado à próxima semente e assim por diante, formando uma tira do comprimento que se pretende dar ao produto.

2 Direcionar a linha para a lateral para iniciar a outra tira. Seguir descendo interligando a semente da outra tira paralela. Esse processo será feito até formar o tamanho desejado da almofada, do jogo americano, do painel ou da bolsa.

3 No caso da bolsa, as duas pontas da tela devem ser unidas a partir da emenda de uma tira maior, que representa as laterais e o fundo. As alças podem ser de couro ou qualquer outro material.

4 As almofadas são feitas primeiro com tecido, de preferência linho, e preenchidas com flor de macela, que tem um perfume muito agradável; depois são cobertas com a tela de fruto-moeda.

GUAPURUVU

Nome científico	*Schizolobium parahyba* (Vell.) S. F. Blake
Nomes populares	guapurubu, ficheira, bacurubu, guarapivu, pataqueira, pau-de-vintém, birosca, bandarra
Ocorrência	Floresta Pluvial da Encosta Atlântica — da Bahia a Santa Catarina
Uso artesanal	brincos, colares, pulseiras, amarrados, cachos

O guapuruvu é uma planta característica da Mata Atlântica, embora também ocorra em outras partes nas Américas Central e do Sul. No Brasil, sua presença é grande na Floresta Pluvial da Encosta Atlântica, da Bahia a Santa Catarina, cuja capital, Florianópolis, adotou o guapuruvu como árvore-símbolo da cidade.

A árvore atinge 30 metros de altura, cresce muito depressa e é recomendada para reflorestamento de áreas degradadas. Mas tem suas exigências: prefere matas abertas, planícies ao longo de rios e depressões das encostas.

Suas flores são cachos amarelos voltados para o céu, lindos. Os galhos são frágeis e caem em dias de vento forte. Do tronco se tira uma madeira leve que não enfrenta bem as intempéries, mas é utilizada como recheio de portas e painéis internos e na fabricação de brinquedos, saltos de sapato e caixotaria. Os frutos caem espontaneamente e, de dentro deles, as sementes devem ser retiradas manualmente. Elas são lisas, brilhantes, achatadas, compactas e podem ser armazenadas por longo tempo sem se deteriorar.

Uma história curiosa: cerca de 10 anos atrás, uma praga abateu-se sobre os guapuruvus da Ilha Grande, matando uma enormidade de exemplares da espécie. Nunca se descobriu o porquê.

IMBIRUÇU

Nome científico	*Pseudobombax grandiflorum* (Cav.) A. Rob, entre outros
Nomes populares	imbiruçu, embiruçu-da-mata, paina-do-arpoador, cedro-d'água
Ocorrência	Bahia, Mato Grosso do Sul, Rio de Janeiro, Espírito Santo, Minas Gerais, São Paulo, Paraná, Santa Catarina, Rio Grande do Sul
Uso artesanal	cachepô, painel, cesta

Pseudobombax significa "paina falsa", porque as sementes do imbiruçu aparecem envoltas por muitas plumas sedosas, e *grandiflorum* refere-se ao tamanho das flores. Mas, na verdade, esse é apenas um dos vários nomes científicos do imbiruçu. O *Pseudobombax* pode ser *simplicifolium* e atingir no máximo sete metros de altura se nascer na Caatinga. E também pode ser *marginatum* e atingir apenas 12 metros se seu hábitat for o Cerrado. No entanto, mesmo no Cerrado ainda existe outro *Pseudobombax*, de sobrenome *tomentosum*, que não passa dos 10 metros e é mais conhecido como embiruçu. São todos da família *Bombacaceae* e têm em comum o fato de seus frutos terem a forma de cápsulas e suas sementes, além de muito parecidas entre si, serem todas envoltas pelas tais painas.

Voltando ao imbiruçu das "grandes flores": seu hábitat não é o Cerrado, mas sim a Floresta Pluvial Atlântica, e ele atinge a maior altura de todas: chega a 25 metros. A árvore é muito usada em paisagismo, nasce principalmente à beira de rios e em várzeas, e tolera bem a insolação direta. As folhas são muito apreciadas pelos macacos-prego, que comem também as flores, ricas em néctar. A madeira, muito suscetível ao ataque de cupins, é usada em caixotaria leve, miolo de compensados, muletas, painéis e outros pequenos objetos. Os frutos devem ser colhidos diretamente da árvore quando começarem a se abrir espontaneamente, o que, graças às painas falsas, se percebe facilmente. Depois de colhidos, devem ser expostos ao sol para acabar de abrir e soltar as sementes.

No artesanato, são usados o caule e o cálice da flor. Aliás, a flor, que parece um pequeno chafariz, é muito frágil, tanto que fica envolvida em uma cápsula até o momento de abrir. Em compensação, o caule e o cálice, depois de secos, ficam rígidos e aveludados.

Painel decorativo

Material:
- 8 kg de imbiruçu
- linha encerada

Ferramentas:
furadeira Dremel com broca fina, alicate de jardinagem

Modo de produção:

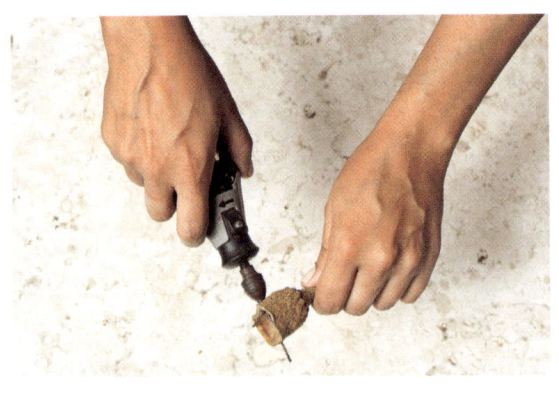

1. Com a Dremel, fazer dois furos paralelos atravessando a flor de imbiruçu. Dessa forma, obtêm-se quatro furos.

2. Cortar os talos das flores de imbiruçu.

3. Interligar com linha encerada quatro flores de imbiruçu, formando conjuntos. Fazer diversos conjuntos e depois costurá-los, montando uma manta no tamanho desejado para o painel. Quando estiver pronto, fixar na parede com um ou mais pregos.

INAJÁ

Nome científico	*Maximiliana maripa* (Drude)
Nomes populares	inajá, anajá, inajaí, coqueiro-anaiá, inajazeiro, najá-coqueiro
Ocorrência	Acre, Rondônia, Amazonas, Pará, Maranhão, Mato Grosso, Mato Grosso do Sul
Uso artesanal	cacho costurado

Provavelmente nativa da Região Amazônica, inajá é uma palmeira que ocorre no interior da floresta de terra firme e em áreas abertas; gosta do clima equatorial, especialmente do Baixo Amazonas. Pouco exigente em relação ao solo, a palmeira de inajá tolera inundações passageiras e tem a incomum característica de resistir ao fogo: depois das queimadas, rebrota com vigor. Sua altura varia entre 10 e 18 metros, e seu belo formato a torna muito apropriada ao paisagismo.

Com exceção da madeira — de pouca durabilidade e usada apenas em construções rústicas —, o inajá oferece muita coisa boa, a começar pelo ótimo palmito e pelo fruto, cuja polpa, comestível *in natura*, é muito apreciada pelas pessoas e por várias espécies de animais. Das amêndoas se extrai um óleo usado em cosméticos, produtos farmacêuticos, rações e na indústria alimentícia; pesquisadores da Embrapa estão a caminho de constatar uma nova utilidade: a geração de energia.

As comunidades indígenas aproveitam o inajá há tempos, tanto como alimento quanto usando as folhas para fazer paredes e coberturas, e os pecíolos (que sustentam as folhas), com cujas extremidades fazem as pontas das flechas. O nome inajá refere-se provavelmente à figura folclórica da índia Inaiá, símbolo da beleza que reina nos bosques e nas matas.

JARINA

Nome científico	*Phytelephas macrocarpa* (Ruiz & Pav.)
Nomes populares	jarina, marfim-vegetal
Ocorrência	região equatorial da América Central e da América do Sul, Região Amazônica (Acre e Amazonas), Bolívia, Peru
Uso artesanal	pulseiras, colares de canutilho, peça de anel, colares de mesa

A jarina é uma palmeira de baixa estatura — quase nunca ultrapassa dois metros —, mas as folhas lhe dão altura e porte, pois chegam a ter mais de dois metros de comprimento. Ela cresce devagar e pode durar mais de cem anos. Seu caule é grosso, geralmente solitário, e suas flores exalam um perfume forte. As sementes levam de três a quatro anos para germinar e as plantas precisam de sete a 25 anos para dar frutos. A árvore fêmea produz de seis a oito cachos de frutos por ano; esses cachos contêm vários frutos individuais agregados. Cada um abriga de oito a 12 sementes. Quando novas, as sementes são líquidas e precisam de oito anos para se solidificar. Ao natural, são marrons, mas depois de descascadas e polidas, dependendo do grau de polimento, transformam-se em contas beges com resquícios de linhas e marquinhas marrons ou puramente brancas, ficando, com o tempo, levemente amareladas. Por sua aparência e resistência, a jarina substitui o marfim animal, embargado na ação de proteção aos elefantes. Por sua beleza e versatilidade, ela tem grande prestígio entre artesãos. Pode ser furada e cortada de diversas maneiras — bolinhas, losangos, canutilhos —, e até as sobras, quando viram pó, servem de matéria-prima para a fabricação de botões. Dizem que, por serem muito resistentes, os botões feitos com jarina brasileira eram exportados para a Alemanha durante a II Guerra Mundial para fechar as fardas dos soldados.

Argola

Material:

- 40 cm de mangueira de borracha de ¾
- cerca de 3 kg de jarina
- 10 fios de 1 m de linha encerada
- carretel de linha encerada

Ferramentas:

agulha nº 3, Dremel com broca fina, tesoura, fita métrica

Modo de produção:

1 Furar as jarinas.

2 Fazer 10 furos equidistantes em cada uma das extremidades da mangueira, mantendo a distância de 1,5 cm das bordas.

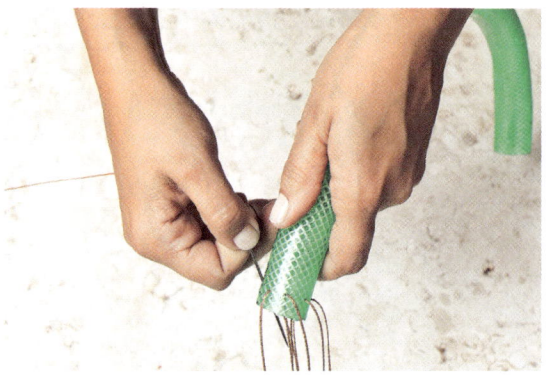

3 Colocar em cada furo de uma das pontas da mangueira uma linha de 1 m, arrematando cada uma com um nó interno, queimando-o para evitar que se solte com o peso.

4 Fazer mais um furo a 1 cm da borda da ponta da mangueira e enfiar um pedaço de linha grande o suficiente para cobrir toda a mangueira. Prestar atenção, pois esse enrolado começará por cima dos 10 furos com as linhas já amarradas.

5 Cobrir toda a mangueira; quando chegar à outra ponta, dar um arremate provisório para evitar que o trabalho se desfaça.

6 Então, preencher todos os 10 fios que pendem da outra ponta da mangueira com as jarinas previamente furadas.

7 Pegar os 10 fios de jarina e amarrá-los um a um nos 10 furos que foram previamente feitos na outra ponta da mangueira. Arrematar em ambas as pontas por dentro.

8 Sobrarão dois pedacinhos de mangueira descobertos, que serão cobertos pelo acúmulo de jarinas.

JATOBÁ

Nome científico	*Hymenaea courbaril* L.
Nomes populares	jatobá, jataí, jataí-amarelo, jataipeba, jitaí, farinheira, jutaí-açu, imbiúva, jataúba (são mais de 90)
Ocorrência	do México ao sul do Brasil (na Região Amazônica e do Piauí ao Paraná)
Uso artesanal	chaveiros, colares, brincos, pulseiras

O jatobá é uma árvore de grande porte: chega a ter 20 metros de altura, principalmente na Amazônia. Solos de fertilidade alta e média são próprios para essa árvore que, além da Região Amazônica, se espalha pelo país, do Piauí ao Paraná. Talvez por isso a espécie tenha tantos nomes populares. "Jatobá" significa "fruto de casca dura" em tupi-guarani, e "jataí", outro nome muito conhecido do jatobá, quer dizer "fruto de comer". Mas o apelido mais engraçado é "fruta-chulé", por causa do cheiro da casca. O jatobá se multiplica com facilidade e é bastante usado em reflorestamentos, parques e jardins. A casca do tronco, ao ser cortada, solta uma resina que serve para envernizar, polir e impermeabilizar. A madeira, apesar de pesada e difícil de cortar, é usada pelos indígenas para fazer canoas; na construção civil, para a confecção de vigas, caibros, tacos e tábuas para assoalho. As flores são polinizadas por morcegos e os frutos são disputados pelos macacos, que, ao quebrar as tais "cascas duras" em busca de alimento, ajudam a liberar as sementes para a germinação. A polpa do fruto vira uma farinha comestível de grande teor nutritivo. No artesanato, são usados os frutos e principalmente as sementes, que, por serem carnudas, têm pouca resistência ao ataque de bichinhos. O que as protege é a casca.

JEQUITIBÁ

Nome científico	*Cariniana rubra* (ou *estrellensis*, ou *legalis*, entre outros)
Nomes populares	jequitibá, jequitibá-vermelho, cachimbeira, cachimbo-de-macaco
Ocorrência	Goiás, Tocantins, Mato Grosso (ou em várias partes do Brasil, dependendo do tipo)
Uso artesanal	fechos de colares e pulseiras (os menores), puxadores de gavetas (os médios), esculturas em forma de cachos (os maiores)

Dependendo de certas características, o jequitibá recebe um adendo a seu primeiro nome científico, *Cariniana*. A *Cariniana rubra* ocorre em Goiás, Tocantins e Mato Grosso, em matas de galeria e de várzeas inundáveis, e chega a 18 metros de altura. A *Cariniana legalis* aparece nos estados de Espírito Santo, Rio de Janeiro, Minas Gerais, São Paulo e Mato Grosso do Sul e atinge cerca de 50 metros. A *Cariniana estrellensis* é quase tão grande quanto a *legalis* — de 35 a 45 metros — e percorre uma faixa que vai desde a Bahia até o Rio Grande do Sul.

Os nomes populares também variam e, dentro de uma lista enorme, aparecem jequitibá-vermelho, jequitibá-branco, jequitibá-rosa, além de outros menos coloridos, como jequitibá-cedro, jequitibá grande, e outros mais divertidos, como cachimbeira, cachimbo-de-macaco, pau-caixão, pau-de-cachimbo, e muitos outros. Provavelmente, a diversidade de nomes científicos e populares do jatobá se deve mais ao formato das árvores, à cor e à forma das flores, e ao tipo da madeira (de variadas utilidades) do que propriamente aos frutos. Estes são muito parecidos entre si, variando apenas de tamanho (entre cinco e 15 centímetros). Eles têm a forma de um cone rígido que se afila na extremidade ligada ao caule e, na outra, possuem uma tampa em forma de prego, cujo pino fica do lado de dentro. Essa tampa se solta espontaneamente para liberar as sementes. Há quem diga que os índios, quando se embrenham na mata, usam o cone para proteger a genitália de insetos e sujeira. No artesanato, o cone e sua tampa-prego têm função bem diferente: os cones se transformam em cachos para enfeitar paredes e mesas; as tampas, em puxadores de gaveta de beleza rústica e até em fechos de pulseiras e colares.

LÁGRIMA-DE-NOSSA-SENHORA

Nome científico	*Coix lacryma-jobi* L.
Nomes populares	lágrima-de-nossa-senhora, capim-de-nossa-senhora, capim-de-contas, capim-rosário, capim-miçanga, lágrimas-de-cristo, lágrimas-de-são-pedro, lágrimas-de-jó, capiá
Ocorrência	em quase todas as regiões do Brasil, especialmente na Amazônia
Uso artesanal	terços, colares, cestas, brincos

A lágrima-de-nossa-senhora é uma planta que gosta de calor e umidade. É um capim de fácil cultivo e muito resistente. Provavelmente originário da Índia, ele nasce e cresce em quase todas as regiões do Brasil. As sementes, ricas em carboidratos, proteínas, óleos, enzimas e sais minerais, indicam grande variedade de usos medicinais, desde o tratamento de dores, febre, inflamações, verrugas, até cálculo renal, asma, bronquite e reumatismo. Dizem também que as sementes eliminam as impurezas do corpo, rejuvenescendo a pele. Mas como sempre há um "porém", o uso excessivo de substâncias medicinais à base da lágrima-de-nossa-senhora pode causar danos aos órgãos genitais de homens e mulheres.

O formato de gota e a cor acinzentada que vai clareando com o tempo devem justificar o nome *lacryma*. Já os vários nomes populares têm forte apelo bíblico, incluindo Nossa Senhora, Cristo, São Pedro e Jó — este último presente nas denominações da planta em alemão, inglês, espanhol e francês. Na época do Brasil Colônia, os escravos usavam as sementes para montar terços visando à proteção de Nossa Senhora do Rosário. Mais tarde, aplicariam as contas em instrumentos musicais, como chocalhos e berimbaus. As sementes também eram usadas pelos indígenas brasileiros com certo sentido místico: os guaranis, por exemplo, faziam colares com as contas mais claras para se distinguir de outras tribos e se proteger de doenças e forças negativas. O uso de adornos feitos com as contas era obrigatório em cerimônias religiosas de várias tribos.

Como se vê, não é de hoje que as lágrimas-de-nossa-senhora vêm sendo usadas em peças artesanais. Não é pra menos: as contas prescindem de furadeira e lixa, pois já nascem furadas e brilhantes.

LEUCENA

Nome científico	*Leucaena spp, Leucaena leucocephala*
Nomes populares	leucena
Ocorrência	originária da América Central, espalhou-se para várias partes do mundo
Uso artesanal	tiras de cabelo, colares, pulseiras, brincos, uso no tear

Existem mais de 100 variedades de leucenas, agrupadas em três tipos: o havaiano, composto por arbustos que florescem rapidamente e atingem no máximo cinco metros de altura; o salvadorenho, representado por árvores de grande porte, que chegam a 20 metros de altura, cujos troncos grossos são usados na produção de madeira e carvão vegetal; e o peruano, formado por árvores um pouco mais baixas, de até 15 metros, com ramos fartos e folhas.

A leucena prefere solos férteis e bem drenados de regiões tropicais e subtropicais, mas aguenta bem os períodos não muito longos de seca e de geada, as inundações e até as queimadas. Precisa da luz direta do sol, mas, mesmo quando perde as folhas por causa da sombra ou das geadas, rebrota rapidamente logo depois.

Além de ser uma planta perene — há registros de plantios com mais de 40 anos de utilização — a leucena oferece vários benefícios. Rica em proteínas e palatável para os animais, ela é uma excelente forragem, muito usada na alimentação de rebanhos do Brasil Central. Serve também como adubo verde, graças ao nitrogênio que consegue fixar no solo por meio de suas folhas e dos nós de suas raízes. Nas áreas de pastagem, as árvores mais altas são ideais para propiciar zonas de sombreamento, porque sua folhagem aberta ameniza, mas não veda a luz do sol.

As flores da leucena são brancas e redondas, e formam cachos de vagens contendo de 15 a 25 sementes marrons e bem brilhantes, com as quais podem ser feitas lindas peças.

MOROTOTÓ

Nome científico	*Didymopanax morototoni* (Aubl.) ou *Schefflera morototoni*
Nomes populares	morototó, mandioqueiro, pau-mandioca, caixeta, mucutuba, marupá, pau-caixeta, mandiocão, matataúba, pixixica, entre outros
Ocorrência	da Região Amazônica até o Rio Grande do Sul
Uso artesanal	colares, pulseiras, peças feitas com tear

A árvore de morototó se espalha desde o México até a Argentina, ocorrendo, portanto, em todo o território brasileiro. Isso acontece por ela ser pouco exigente em relação às condições do solo e se adaptar facilmente a quase todas as formações florestais, embora prefira matas pouco densas. Seu rápido crescimento a torna recomendável para a recomposição de matas degradadas.

Quando adulta, a árvore de morototó atinge seus 30 e poucos metros de altura e exibe um tronco fino, galhos robustos e longos e muitas folhas: uma elegância só! Por isso, não é raro encontrá-la enfeitando praças públicas e grandes jardins. Os frutos são muito apreciados por diversos animais, e sua madeira, de corte fácil, é empregada em vários produtos de marcenaria, desde portas, batentes e venezianas até brinquedos, cabos de vassoura e palitos de fósforo.

Para o artesanato, o que mais interessa são as sementes de morototó. Elas têm um formato curioso, como um confete assimétrico, e são bem achatadas, como botões, com menos de um milímetro de espessura.

MURUCI (ou MURICI)

Nome científico	*Byrsonima (basiloba, spicata, lancifolia* etc.)
Nomes populares	muruci, murici, pau-de-rosa, murici-penina, murici-vermelho, murici-de-flor-branca, murici-da-capoeira, murici-da-mata, murici-da-serra e muitos outros
Ocorrência	em todas as regiões do Brasil, fortemente no Norte e no Nordeste, frequente no Centro-Oeste e no Sudeste, mais raramente no Sul
Uso artesanal	colares, pulseiras, peças feitas com tear

No Brasil, existem vários tipos de murucis, como são chamados na Região Norte, ou muricis, no Nordeste e no Centro-Oeste. Todos têm o mesmo nome científico, *Byrsonima*, pertencem a uma mesma família, *Malpighiaceae*, e recebem, conforme suas peculiaridades, diferentes "sobrenomes" científicos, como *lancifolia*, *sericea*, *coccolobifolia*, *basiloba* e *spicata*, entre outros. Os murucis variam no tamanho das árvores (às vezes arbustos) e na cor das flores (mais frequentemente amarelas), dependendo do lugar onde nascem. Os nomes populares dados ao muruci são geralmente indicativos da cor ou da origem. Assim, temos o murici-vermelho, o murici-de-flor-branca, o murici-da-mata, o murici-da-serra, e assim por diante. Pouco exigente em matéria de solo, o muruci é indicado para a recuperação de áreas degradadas.

Existem muricizeiros com quatro ou cinco metros de altura, outros que chegam a 20 metros e outros ainda de estatura mediana. Em todos os casos, a madeira é moderadamente pesada, macia e fácil de trabalhar, mas não muito resistente às intempéries. Por isso, seu uso é indicado nas áreas internas da construção civil e para a fabricação de móveis.

Os frutos do muruci — riqueza principal dessa planta — são avidamente disputados por pássaros e outros animais silvestres, além de significarem uma importante fonte de alimento para o homem. De alto teor nutritivo (especialmente vitamina C) e saborosíssimos, os frutos do muruci podem ser consumidos *in natura* ou usados na preparação de sorvetes, geleias, sucos e doces.

OLHO-DE-BOI

Nome científico	*Dioclea violacea* (ou *Mucuna pruriens*)
Nomes populares	olho-de-boi, mucunã
Ocorrência	em várias partes do Brasil, dependendo do tipo
Uso artesanal	colares, pulseiras, adornos

Que mistérios guarda o olho de um boi para ser tão popular? O fato é que há uma grande variedade de plantas, de diferentes famílias, que levam o nome popular de olho-de-boi. Algumas são árvores, outras cipós, outras ainda trepadeiras, mas em comum existe o fato de suas sementes, embora diferentes entre si na espécie, na cor ou no tamanho, serem geralmente bojudas, capsulares e meio achatadas. No final das contas, todas acabam sendo chamadas de olho-de-boi. Até o olho-de-cabra — aquela semente vermelha e preta — é chamado de olho-de-boi em certas regiões do país.

Existe, entretanto, um olho-de-boi que é mais popular que os outros. É aquele cuja semente é marrom e tem a forma de calota esférica contornada por uma espécie de cinto. Da família *Fabaceae*, tudo indica que esse olho-de-boi tem dois nomes científicos: *Dioclea violacea* e *Mucuna pruriens*, e atende pelo nome de mucunã. Atribui-se a ele importância medicinal, especialmente nos tratamentos fitoterápicos de combate a doenças como epilepsia e o mal de Parkinson. Dizem, também, que tem efeito calmante, cura artrite e resolve problemas de impotência e disfunção erétil.

Seus frutos são grandes, do tipo vagem, recobertos com um pelinho que, raspado, se transforma no famoso pó-de-mico, altamente urticante, capaz de provocar uma tremenda coceira. De dentro da vagem saem várias sementes, às quais se atribui grande poder místico de proteção contra mau-olhado, inveja e todo tipo de feitiçaria má. Outro grande sucesso do olho-de-boi é a utilização de sua semente em peças artesanais, desde bijuterias até objetos de decoração.

ORELHA-DE-ELEFANTE

Nome científico	*Enterolobium cyclocarpum*
Nome populare	orelha-de-elefante
Ocorrência	América Central e partes do México
Uso artesanal	quadros, cachos

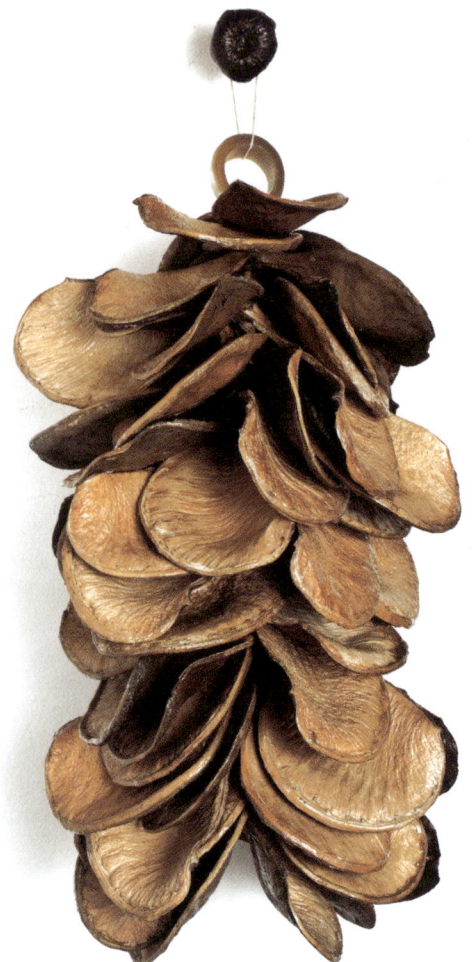

A árvore orelha-de-elefante pode atingir até 40 metros e possui copa frondosa e exuberante. Sua fava se assemelha a uma orelha gigante, por isso recebeu esse nome. Cada semente mede até 15 centímetros de largura e cada fava contém entre 10 e 16 sementes. As flores parecem macios pompons brancos, e sua madeira é utilizada na produção de papel.

É a árvore nacional da Costa Rica, onde suas vagens são utilizadas *in natura* pela população local.

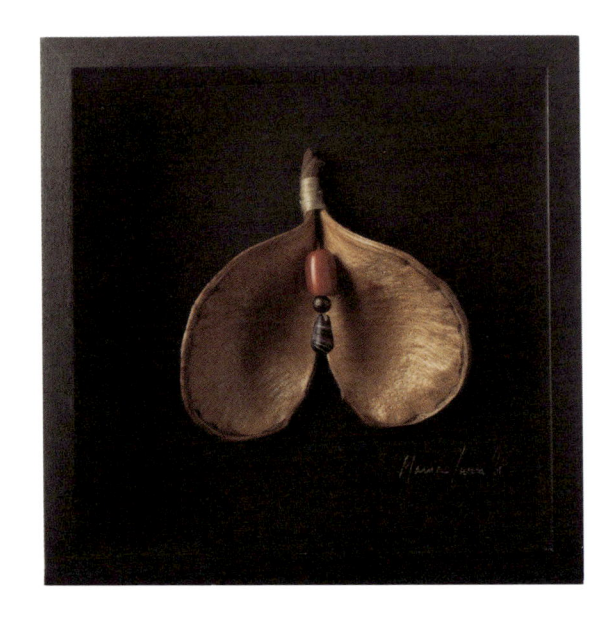

PAXIUBÃO

Nome científico	*Iriartea deltoidea*
Nomes populares	paxiúba, paxiúba-barriguda, paxiubão, palmeira-barriguda
Ocorrência	no Brasil: Acre, Rondônia, Amazonas, Mato Grosso. Nas Américas Central e do Sul: da Nicarágua até a Bolívia
Uso artesanal	bijuterias, adornos decorativos

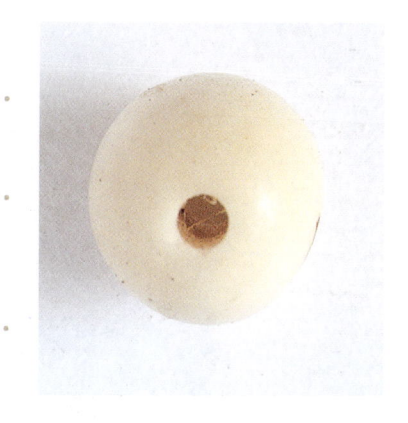

O paxiubão é uma palmeira que chega a ter entre 15 e 25 metros de altura e cresce principalmente em florestas tropicais úmidas de terra firme. Seu caule tem a forma de uma coluna marcada por uma espécie de barriga na parte superior — daí o nome de palmeira-barriguda — e é sustentado por raízes aéreas que dão a impressão de que a árvore anda. Por ser resistente, o caule é usado como ripa de parede, assoalho, poste e na confecção de canoas e utensílios.

As folhas servem de cobertura de casas rústicas e de matéria-prima para cestaria. Os frutos são bolinhas esverdeadas que contêm apenas uma semente marrom. Quando bem lixada e polida, a semente fica totalmente bege claro, mas, se o beneficiamento for parcial, ela conserva raminhos marrons. Das duas formas, ela se aplica muito bem às peças de artesanato.

Sousplat

Material:
- 1 kg de paxiubão
- 5 m de fio de cobre
- cerca de 10 m de linha encerada

Ferramentas:
agulha nº 3, alicate, tesoura

Modo de produção:

1. Enfiar todas as sementes no fio de cobre, preocupando-se em manter ordem crescente. As cinco primeiras sementes precisam ser bem pequenas para facilitar o arremate inicial.

2. Dobrar a pontinha do cobre de uma das extremidades para travar a passagem das sementes. Amarrar a linha de 10 m nessa argolinha que se formou. Cobri-la com pequenos nós.

3. A partir de agora, deve-se trabalhar com o restante da linha para fixar as sementes em forma circular, como a de uma mandala.

4. Dobrar o cobre juntando a primeira semente à terceira. Passar a linha entre essa e o terceiro e o quarto paxiubões, dando uma volta firme. Introduzir a linha no círculo de três sementes que se formou.

5. Juntar a quarta semente sobre a primeira e passar a linha entre o quarto e o quinto paxiubões, dando uma volta e introduzindo novamente a ponta da linha no olho do círculo.

6 A partir da segunda volta, o procedimento deverá se repetir, porém introduzindo a ponta da linha não mais no olho do círculo inicial, e sim na fileira anterior. Atenção: para que o *sousplat* fique firme e rígido, manter a linha tensionada durante todo o processo.

7 No fim da espiral, dobrar e arrematar o cobre como no início.

PEREIRO

Nome científico	*Aspidosperma pyrifolium*
Nome popular	pereiro
Ocorrência	Caatinga nordestina, principalmente em várzeas fluviais, serras e chapadas
Uso artesanal	cachos, pingentes

Esta árvore nativa da Caatinga nordestina pode atingir até oito metros, e sua madeira é muito resistente e durável. O fruto do pereiro tem a forma de uma gota achatada, de cinco a seis centímetros de comprimento, e quando as duas bandas são abertas encontram-se sementes aladas e planas que parecem folhas de papel.

Quanto ao seu nome, acredita-se que um estrangeiro que visitou a região do semiárido reconheceu, na folhagem do pereiro, semelhança com a folhagem da pereira, árvore que produz a pera, e o nome acabou se incorporando ao costume popular.

SERINGUEIRA

Nome científico	*Hevea brasiliensis* (M. Arg.)
Nomes populares	seringueira, seringa-verdadeira, cau chu, árvore-da-borracha, seringueira-preta, seringueira-branca
Ocorrência	Região Amazônica (cultivada nas regiões Sudeste e Centro-Oeste e nos estados da Bahia e do Paraná)
Uso artesanal	chocalhos, colares

Os seringais nativos da Amazônia são parte importante da história econômica brasileira. A grande quantidade de seringueiras do Norte do país, das quais se extrai o látex, permitiu que o Brasil se tornasse, entre 1879 e 1912, o maior produtor e exportador mundial desta matéria-prima imprescindível para a indústria da época: a borracha.

Das mais de 11 espécies de seringueira do tipo *Hevea* existentes na Amazônia, a *brasiliensis* é a que tem a maior capacidade produtiva. Solo fértil na beira do rio ou em terra firme inundável com clima tropical úmido é do que a seringueira precisa para nascer e crescer. Quando os ingleses e os holandeses souberam disso, contrabandearam as sementes brasileiras, passando a plantar seringais em suas colônias na Ásia e a oferecer o produto por preços competitivos, desbancando o monopólio da borracha brasileira.

A seringueira é uma árvore que chega a ter de 20 a 30 metros de altura. Seu tronco — que guarda o precioso látex — dificilmente se transforma em madeira, que, quando muito, serve para caixotaria. O fruto é uma cápsula grande com três gomos; cada um deles guarda uma semente. As sementes são amêndoas de forma ovalada e bem grandinhas, medindo mais de dois centímetros na linha vertical. Além de um óleo usado na indústria de tintas, elas se aplicam ao artesanato.

TAMBORIL

Nome científico	*Enterolobium contortisiliquum*
Nomes populares	tamboril, timbaúva, orelha-de-macaco, orelha-de-negro, pau-de-sabão, timbaíba, tambaré, entre outros
Ocorrência	do Pará, Maranhão e Piauí até Mato Grosso do Sul e Rio Grande do Sul
Uso artesanal	porta-guardanapos, colares, pulseiras

Nativa do Brasil, a árvore do tamboril gosta de sol e de solo fértil, de preferência úmido. Ela cresce rapidamente e dura mais de cem anos, o que a torna recomendável para áreas de reflorestamento. Sua copa, bem ampla e repleta de folhas, oferece uma generosa sombra durante boa parte do ano, exceto no inverno. Podendo chegar a 35 metros de altura, o tamboril é uma árvore tão bonita, que mereceu lugar de destaque no Instituto de Arte Contemporânea e Botânica Inhotim, em Minas Gerais.

As flores, que surgem na primavera, parecem pompons brancos e os frutos são vagens retorcidas que têm a forma bem pronunciada de uma orelha de macaco. No início são verdes e, com o tempo, tornam-se pretas. A madeira é leve e fácil de cortar, mas pouco resistente. Serve para a fabricação de barcos, brinquedos, compensados e caixotaria em geral. Para o artesanato, entretanto, o que interessa são as orelhas-de-macaco, com seu formato intrigante e divertido.

TENTO-CAROLINA

Nome científico	*Adenanthera pavonina*
Nomes populares	tento-carolina, tento-vermelho, carolina, olho-de-dragão
Ocorrência	originária da Índia e da Malásia. No Brasil é encontrada no litoral e na região do Cerrado
Uso artesanal	colares, pulseiras, arranjos em vidros

O tento é uma árvore de médio porte, mas que pode chegar a 20 metros de altura. Resistente e de rápido crescimento, ela se deu bem no Cerrado e no litoral brasileiros — é originária da Índia e da Malásia. Por sua beleza e pela sombra que oferece, é uma planta ornamental, muito indicada para a arborização de ruas e praças.

Uma das características do tento é o seu tronco, cuja casca é lisa e parda. Ele fornece uma madeira compacta com veias onduladas, muito usada em marcenaria de luxo. As flores têm um tom amarelo-pálido e os frutos são vagens retorcidas. Na verdade, as favas, quando maduras, se contorcem e explodem, espalhando as sementes. E que sementes! Com o formato de um minidisco voador, elas são compactas, pequeninas, divertidas e intensamente vermelhas. De um vermelho tão vivo e atraente, que suscitou esse nome popular dado à planta: tento, de tentação. Por serem compactas e miúdas, é difícil furá-las. Quando furadas, o difícil é conservá-las. Sem os furos, entretanto, a semente de tento é longeva, não apodrece, não caruncha nem enruga.

TINGUI

Nome científico	*Magonia pubescens* (St. Hil.)
Nomes populares	tingui, tingui-do-cerrado, tingui-capeta, cutiê, mata-peixe, timbó, entre outros
Ocorrência	no Cerrado de Ceará, Minas Gerais, Mato Grosso, Mato Grosso do Sul
Uso artesanal	cachos, revestimentos de parede, porta-incenso

O tingui, uma árvore que tem de cinco a nove metros de altura, é exigente quanto à qualidade do solo e ocorre nas áreas mais férteis do Cerrado, de preferência em terrenos altos e bem drenados. É uma planta de caráter ornamental, graças a suas folhas, que parecem renda, e se aplica muito bem em praças, ruas e jardins.

Pesada, dura e resistente, a madeira do tingui é usada na confecção de caibros, ripas, esquadrias e batentes, e, em casos menos nobres, serve de lenha e carvão. Por outro lado, o tingui pode servir a uma causa bastante condenável: a infusão da casca de sua raiz libera uma toxina usada para *tinguijar*, ou seja, intoxicar e capturar os peixes na hora da pesca. Já as sementes se prestam para a fabricação caseira de um sabonete que, segundo dizem, faz muito bem à pele.

Os frutos são lenhosos e capsulares e, quando fechados, têm aspecto de cabaças marrons opacas. Ao se abrirem, partem-se em três gomos, cujas paredes interiores revelam um tom de cobre avermelhado e brilhante. Essa também é a cor das muitas sementes liberadas pelos frutos, que são achatadas e têm um formato parecido com asa de borboleta. Com os frutos e as sementes do tingui, podem ser feitas belas peças de artesanato.

TIRIRICA-DO-BREJO

Nome científico	*Cyperus rotundus* L.
Nomes populares	tiririca, junça, hamassuguê, capim-dandá, cebolinha, erva-coco
Ocorrência	no mundo todo, principalmente em países tropicais e subtropicais
Uso artesanal	colares, pulseiras, anéis, peças feitas no tear

A tiririca, um capim que dá em todos os lugares do mundo, especialmente em áreas tropicais e subtropicais, é considerada uma das principais plantas daninhas que existem. Com capacidade infinita de reprodução e disseminação, a tiririca se caracteriza por ser uma erva daninha muito difícil de controlar ou erradicar. Nas condições brasileiras, ela mede de 15 a 50 centímetros e tem caule subterrâneo em forma de raiz, ou seja, um rizoma. Apesar de tudo que se fala contra essa erva tão daninha, os rizomas da tiririca têm propriedades medicinais indicadas no tratamento de infecção urinária, inflamação, dores abdominais, dismenorreia, gastralgia, dispepsia, náusea e vômitos.

O capim da tiririca tem sementes em forma de bolinhas, que devem ser furadas quando são colhidas. Elas têm vários tons entre o branco e o preto e podem se transformar em belos anéis e pulseiras.

TUCUMÃ

Nome científico	*Astrocaryum vulgare*
Nomes populares	tucumã, tucumã-do-pará, tucum-bravo
Ocorrência	Pará, Maranhão, Tocantins, em matas de terra firme
Uso artesanal	colares, pulseiras, bolsas, castiçais

O tucumã é uma palmeira de caule múltiplo que atinge entre 10 e 15 metros de altura. É espinhento, e suas grandes folhas surgem a pouca distância do chão e se expandem no alto. Sua capacidade de se regenerar e rebrotar — mesmo depois das queimadas — é tão grande, que há quem a considere uma planta daninha.

Bom seria se todas as plantas daninhas fossem tão úteis quanto o tucumã. Fora a madeira, empregada apenas em construções rústicas, todo o resto é bem aproveitável. As folhas são matéria-prima ideal para a confecção de cordas, redes e cestaria. Os frutos — riquíssimos em vitaminas, especialmente a vitamina A — podem ser consumidos *in natura* ou em forma de suco e até de sorvete. A polpa que recobre a semente é alaranjada e de consistência oleosa. De ambas, polpa e semente, podem-se extrair óleo branco comestível e biodiesel. A semente, devidamente trabalhada, tem diversas e lindas aplicações no artesanato.

Pulseira-prego

Material:

- 20 cm linha encerada preta
- 2 m de elastex preta ou silicone
- 2 m de canutilho de tucumã
- 1 prego de jequitibá de prata

Ferramentas:

agulha nº 3, tear

Modo de produção:

1 Pegar oito fios de elastex medindo 40 cm cada. Preencher 34 cm de cada um desses oito fios com canutilhos de tucumã. Obs.: essa medida corresponde ao tamanho M.

2 Fechar cada um dos oito fios com um nó.

3 Quando todos os fios estiverem enfiados e arrematados, alinhar todos os nós e passar um fio de 20 cm de linha encerada preta para a fixação do fecho de prego de jequitibá.

4 Prender o prego de jequitibá com a linha, dar um nó, cortar o excedente da linha e queimar.

5 Passar outro segmento de linha encerada na ponta oposta ao prego e dar um nó.

TURURI (fibra extraída da palmeira UBUÇU)

Nome científico	*Manicaria saccifera* (Gaertn.)
Nomes populares	ubuçu, buçu, geruá
Ocorrência	Amazonas, Pará
Uso artesanal	bolsas, cachepôs, pulseiras, abajures

O tururi é uma fibra extraída do ubuçu, uma palmeira de caules simples ou múltiplos que tem de um a 10 metros de altura e ocorre no Amazonas e no Pará, tanto perto do mar quanto no interior, perto de rios, nas matas tropicais úmidas e de baixa altitude.

O tururi vem das brácteas do ubuçu, ou seja, das folhas menores, diferentes das outras, que nascem ao redor das flores com a função de encobri-las e protegê-las enquanto elas não abrem. Essas brácteas são formadas por um tecido fibroso resistente, flexível e durável, que os índios usam para calafetar embarcações e impermeabilizar a cobertura de palhoças.

Por sua beleza e praticidade, o tururi é uma excelente matéria-prima para confecção de bolsas, pulseiras, abajures e várias peças de artesanato.

VASSOURINHA

Nome científico	*Scoparia dulcis L.*
Nomes populares	coerana-branca, tapeiçaba, tupeiçava, tupixaba, vassoura, vassourinha-cheirosa, vassourinha-de-botão, vassourinha-doce, entre outros
Ocorrência	América tropical
Uso artesanal	vassouras, arranjos de flor

A vassourinha, planta que atinge apenas entre 50 e 80 centímetros de altura, tem o caule levemente lenhoso, com muitos e muitos ramos ascendentes, cujo formato sugere seu uso como vassoura. Suas folhas são verdes, bem pequenas, assim como suas flores, de cor branca. O fruto é uma cápsula em forma de globo.

Essa plantinha, que nasce espontaneamente em campos abertos, é velha conhecida de populações rurais e grupos indígenas, que a utilizam como remédio caseiro para curar várias doenças. Sua eficácia terapêutica também é reconhecida pelas farmácias homeopáticas. Portanto, tudo indica que, dependendo da forma como é manipulada, a vassourinha pode combater afecções cutâneas, catarrais e gastrointestinais, além de asma, bronquite, brotoeja, cólicas, dores de ouvido, erisipela, infecção urinária, malária e varizes, entre muitos outros males.

Amarrar os ramos da vassourinha em feixes para varrer é uma tradição antiga que, com o surgimento das vassouras industrializadas, vem perdendo prestígio nas casas brasileiras. Mas a beleza e a praticidade da planta são um bom motivo para resgatar a forma artesanal e decorativa desse importante utensílio doméstico.

Vassoura-prego

Material:
- 2 argolas de chifre
- 1 punhado de capim-vassourinha
- linha de algodão colorida

Modo de produção:

1. Passar o feixe de capim-vassourinha por uma argola de chifre e empurrá-la até o início da floração do capim.

2 Logo depois da argola, arrematar e começar a enrolar a linha de algodão ao longo do caule do feixe de capim por aproximadamente 20 cm.

3 Quando o enrolado chegar ao tamanho desejado, enfiar uma agulha na ponta da linha e arrematar dando um nó na parte interna do caule do feixe de capim.

4 Enfiar a outra argola e prendê-la com a linha excedente.

5 Para finalizar, cortar as pontas do capim.

O artesanato como ofício

Quando uma pessoa se interessa por fazer artesanato como atividade profissional, deve prestar atenção a uma série de detalhes. No caso do artesanato feito com materiais da natureza, essa atenção deve ser redobrada. O artesão deve conhecer a origem das sementes e outras partes das plantas, saber armazená-las corretamente para que não mofem nem sejam atacadas por bichos, descobrir os truques de como lidar com cada material na hora de cortar ou furar, ser meticuloso com o bom acabamento de seu trabalho e, entre muitas outras coisas, verificar se os fornecedores das matérias-primas que ele está usando são confiáveis. Portanto, o que à primeira vista parece fácil pode apresentar algumas complicações.

Instituições de apoio ao artesão

Para que o artesão possa realizar seu ofício com tranquilidade e segurança, é importante que ele conheça instituições que incentivam e apoiam a atividade artesanal sustentável, abrindo caminho para o aperfeiçoamento e a profissionalização.

Áreas de proteção ambiental (APA) e florestas nacionais (Flona)

As atividades sustentáveis ligadas ao artesanato feito com recursos da natureza devem, antes de tudo, respeitar os critérios estabelecidos pelas áreas de proteção ambiental (APA) e pelas florestas nacionais (Flona) — ambas administradas pelo Instituto Chico Mendes de Conservação da Biodiversidade (ICMBio), uma autarquia de regime especial, criada em 2007 e vinculada ao Ministério do Meio Ambiente. Cabe ao Instituto Chico Mendes executar as ações do Sistema Nacional de Unidades de Conservação da Natureza (SNUC) do Ministério.

Segundo o portal do ICMBio (2013), a APA corresponde à área em geral extensa, com certo grau de ocupação humana, com atributos bióticos, abióticos, estéticos ou culturais importantes para a qualidade de vida e o bem-estar das populações humanas. As APAs têm como objetivo proteger a diversidade biológica, disciplinar o processo de ocupação e assegurar a sustentabilidade do uso dos recursos naturais. Cabe ao Instituto Chico Mendes estabelecer as condições para pesquisa e visitação pelo público.

O mesmo portal (http://uc.socioambiental.org) informa que Flona é "área com cobertura florestal de espécies predominantemente nativas, criadas com o objetivo básico de uso múltiplo sustentável dos recursos florestais e pesquisa científica, voltada para a descoberta de métodos de exploração sustentável dessas florestas nativas. [...] A pesquisa é permitida e incentivada, sujeitando-se à prévia autorização do Instituto Chico Mendes". Essa categoria de unidade de conservação, quando criada pelo estado ou município, denomina-se, respectivamente, floresta estadual e floresta municipal.

Programa do Artesanato Brasileiro (PAB)

O Programa do Artesanato Brasileiro foi instituído pelo Ministério do Desenvolvimento, Indústria e Comércio Exterior em 1995, com o objetivo de "coordenar e desenvolver atividades que visem valorizar o artesão, desenvolver o artesanato e a empresa artesanal. Nesse sentido, são desenvolvidas ações voltadas à geração de oportunidade de trabalho e renda, ao aproveitamento das vocações regionais [...] e à capacitação de artesãos para o mercado competitivo, promovendo a profissionalização e a comercialização dos produtos artesanais brasileiros". No *site* do PAB (www.desenvolvimento.gov.br/arquivos/dwnl_1347644592.pdf), há uma lista com endereços e telefones das instituições que atuam no projeto em todos os estados e cidades.

DEFINIÇÃO DE ARTESÃO

Segundo a Portaria SCS/MDIC nº 29, de 5 de outubro de 2010:

É o trabalhador que de forma individual exerce um ofício manual, transformando a matéria-prima bruta ou manufaturada em produto acabado. Tem o domínio técnico sobre materiais, ferramentas e processos de produção artesanal na sua especialidade, criando ou produzindo trabalhos que tenham dimensão cultural, utilizando técnica predominantemente manual, podendo contar com o auxílio de equipamentos, desde que não sejam automáticos ou duplicadores de peças.

Serviço de Apoio às Micro e Pequenas Empresas (Sebrae)

O nacionalmente conhecido Serviço de Apoio às Micro e Pequenas Empresas "promove ações que incentivam o artesanato brasileiro por meio de projetos que capacitam artistas empreendedores e fomentam esse mercado". Essas ações "enfatizam o artesanato como um setor economicamente sustentável que valoriza a identidade cultural das comunidades, promovendo a melhoria da qualidade de vida e ampliando a geração de renda e os postos de trabalho", como informa o *site* oficial do Sebrae. (www.sebrae.com.br)

O programa de apoio ao artesanato começou em 1998 em todo o Brasil; desde então, o Sebrae já atendeu a diversos grupos produtivos, organizou feiras e realizou cursos visando à profissionalização do setor.

CENTRO DE REFERÊNCIA DO ARTESANATO BRASILEIRO (CRAB)

Entre as iniciativas do Sebrae em prol do artesanato, está a criação, no Rio de Janeiro, do Centro de Referência do Artesanato Brasileiro, destinado a incrementar a exposição e a comercialização dos produtos artesanais, além de capacitar os artesãos nas áreas de design e gestão de negócios. Ali também podem-se recolher importantes informações.

Como e por que se profissionalizar

Por ser criativo, lúdico e prazeroso, o artesanato muitas vezes é visto como uma atividade paralela à ocupação principal, algo que se faz nas horas vagas para complementar a renda do mês. Mas, quando faz sucesso, quando determinadas peças artesanais despertam o interesse do mercado e passam a ser solicitadas em maior quantidade por grandes clientes e donos de lojas, o artesão tem a chance de produzir mais e *faturar* mais, podendo transformar esse trabalho em sua atividade principal. Só que aí ele tem que se organizar, porque nem sempre faturar significa apenas *lucrar*. Faturar também quer dizer emitir nota fiscal, da qual, pela lei, os lojistas compradores não podem abrir mão. Nota fiscal, como se sabe, é um documento oficial que só pode ser emitido por trabalhadores registrados.

Graças à Lei Complementar nº 128, de 19 de dezembro de 2008, o artesão que trabalha por conta própria e deseja formalizar sua situação profissional pode e deve se registrar oficialmente na categoria de "microempreendedor individual", mais conhecida como MEI. Entre as vantagens garantidas por essa lei está o registro no Cadastro Nacional de Pessoa Jurídica (CNPJ), o que facilita a abertura de conta bancária, pedido de empréstimo e direito de emissão de nota fiscal.

Para sair da informalidade, o artesão só poderá se tornar um microempreendedor individual se o seu faturamento anual não ultrapassar R$ 60 mil. Até esse limite, ele será enquadrado no chamado Simples Nacional e ficará isento dos tributos federais.

Para se registrar como microempreendedor individual, o artesão deve recorrer ao Portal do Empreendedor (www.portaldoempreendedor.gov.br) ou buscar informações na Junta Comercial ou na Receita Federal de sua cidade.

Entretanto, a formalização não resolve tudo. Segundo o portal, "a obtenção do CNPJ, a inscrição na Junta Comercial e o alvará provisório não dispensam o atendimento às normas de ocupação dos municípios, que devem ser observadas e obedecidas". Portanto, a participação do artesão em feiras livres ou como vendedor ambulante dependerá de autorização da Prefeitura local.

O artesanato no mercado

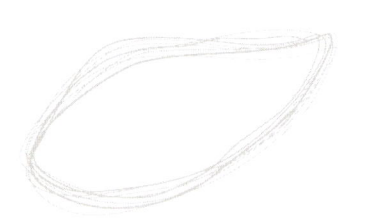

Segundo o Programa de Artesanato Brasileiro (PAB), artesanato é toda produção resultante da transformação de matérias-primas, com predominância manual, por indivíduo que tenha o domínio integral de uma ou mais técnicas, aliando criatividade, habilidade e valor cultural, podendo, no processo de sua atividade, ocorrer o auxílio limitado de máquinas, ferramentas, artefatos e utensílios. Ou seja, trabalhos realizados a partir de revistas, livros e programas de TV, sem identidade cultural, não são considerados artesanais. Dessa forma, busque as raízes históricas e culturais da sua região e utilize matéria-prima local. Isso irá valorizar e diferenciar o seu produto.

Quanto vale?

Estabelecer preço — o justo — para peças artesanais é complicado, sobretudo quando elas são feitas com materiais orgânicos, eventualmente perecíveis. O preço que se coloca numa peça é baseado na qualidade do design, nas dificuldades de confecção e na mão de obra, além, é claro, do valor dos materiais nela aplicados. Se depois de uns meses o comprador voltar com a peça carunchada, o artista, além do constrangimento, será obrigado a refazê-la, sob pena de perder a credibilidade.

Além do custo das matérias-primas, o primeiro e mais básico critério para estabelecer o preço de um produto artesanal é o tempo que se leva para confeccioná-lo. Entretanto, o que à primeira vista parece tão razoável é, na verdade, muito relativo. Às vezes, um produto extremamente trabalhoso — e, consequentemente, mais caro — não encontra comprador porque a produção industrial oferece um similar talvez não tão bonito, mas de boa qualidade e muito mais barato. Um bom exemplo disso são os jogos americanos confeccionados a partir de uma trabalhosa trama feita com shantung de seda tingido artesanalmente e semente de açaí. Apesar de toda a sofisticação, eles não conseguem competir com as ofertas industrializadas do gênero. Por outro lado, há peças relativamente fáceis de fazer que caem no gosto dos consumidores e, nesse caso, a grande demanda permite um preço mais alto. Olho no mercado, atenção às ondas de oferta e procura e bom senso na avaliação dos trabalhos são as atitudes recomendáveis, como sempre.

Um bom exemplo são as vassourinhas, que são vendidas por um preço alto se for considerada a função do objeto. Nesse caso, o trabalho artesanal empregado na confecção do objeto eleva sua categoria a um tipo de apreço que vai para além do uso comum. Embora recomendadas e adequadas para utilização objetiva, as vassourinhas caíram no gosto do público como peça decorativa e, como tal, detentora de valor intangível.

Indesejáveis imitações

Todo designer/artesão deve saber que imitar não adianta nada, é contraproducente. Se o objetivo for se firmar no mercado, ele tem que buscar sua identidade e recusar toda e qualquer proposta para replicar uma peça famosa, mesmo quando a réplica significa lucro imediato. Às vezes, esse dinheiro rápido em caixa pode ser tentador, mas ter sua marca, sua identidade, vai ser muito mais lucrativo lá na frente.

Já passei por uma experiência desse tipo e coloquei o caso na Justiça. Tratava-se de uma loja no Rio de Janeiro que, além de adotar meu nome ("Monica Carvalho"), era especializada em produtos artesanais. Conclusão: acabou fechando.

Do outro lado, ser imitado é sempre desagradável e injusto, mas, paradoxalmente, revela prestígio. No ramo do design de artesanato, não há muito o que fazer contra os imitadores, exceto quando a fraude é de grandes proporções.

Algumas dicas

Um aspecto muito importante para o artesão é contar com um fornecedor correto, ciente das regras estabelecidas por instituições como a APA e a Flona, que saiba a época e a forma certas de colher as sementes de modo a não agredir o meio ambiente, que ao coletá-las esteja seguro de que elas não correm o risco de entrar em extinção e que saiba armazená-las corretamente para que não mofem nem sejam atacadas por bichos. Outro ponto importante é a furação das sementes. Se não são furadas corretamente, comprometem a qualidade do trabalho artesanal. Para furar corretamente uma semente é preciso que se tome por base (ou como ponto de partida) sua pequena cavidade natural, conhecida como "umbigo", que marca o local por onde ela esteve presa ao cacho. Se a referência do umbigo não for respeitada, a semente ficará torta. Esses cuidados são fundamentais não apenas para o meio ambiente, mas também para o bom acabamento, a durabilidade e a beleza do trabalho artesanal.

Muitas vezes, o mercado oferece sementes bem mais baratas, com preços tentadores. Nesse caso, muita atenção: provavelmente elas não estão furadas corretamente, podem ter uma origem duvidosa ou durarão menos por terem sido colhidas na época errada. É muito difícil saber como e quando as sementes foram colhidas e armazenadas. Pode acontecer de um mesmo fornecedor enviar sementes que numa remessa dão bicho e em outra não. Aí, o comprador fica sem saber o motivo e terá que lidar com esse aspecto incerto e imprevisível, mesmo quando o fornecedor for, digamos, de confiança, pois ele está sujeito a pressões do mercado ou a dificuldades ambientais de sua região que podem alterar a qualidade dos produtos que oferece. São os ossos do ofício, que devem ser resolvidos caso a caso.

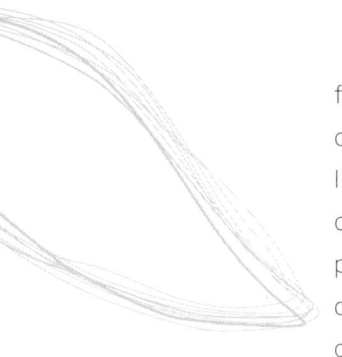

Para a realização completa de um trabalho, o artesão deve prestar atenção na tarefa que vem depois de o produto estar "aparentemente" pronto: a peça deve sempre ser testada antes de ser replicada e colocada à venda. No caso de uma bolsa, por exemplo, é preciso verificar se está ou não muito pesada, se o fecho é resistente e funcional, se o forro não se desprende, se as alças estão presas com firmeza e simetria, e assim por diante. No caso de um colar, deve-se verificar se não está frouxo, se os nós de acabamento estão firmes etc. Se uma peça, por falta desse tipo de controle, acaba quebrando na mão do cliente logo, o nome do artesão fica na berlinda. Aliás, sempre que uma peça for devolvida por apresentar algum problema, o melhor que o artesão tem a fazer é substituí-la imediatamente por outra em boas condições para mostrar que aquele problema é uma exceção no conjunto de seus trabalhos e, assim, garantir a clientela.

Projetos sociais em comunidades

Quando o trabalho do ateliê conquistou espaço nas exposições de design e, consequentemente, na mídia, despertou a atenção de instituições governamentais e empresas privadas que se ocupam de projetos ecológicos sustentáveis. Passei a ser convidada por elas a participar desses projetos para trocar informações e desenvolver novas linhas de trabalho com os grupos produtivos de artesãos de diversas regiões, buscando aprimorar o produto final do artesanato feito por eles e ampliar sua demanda no mercado.

Destaco aqui algumas dessas experiências.

PROJETO BANANAL

Na cidade de Bananal, em São Paulo, realizei um trabalho junto a artesãs crocheteiras de uma associação financiada pela iniciativa privada. Minha interferência implicou, entre outras coisas, alterações estéticas, como o uso das cores, além da adoção de materiais mais dispendiosos que, entretanto, agregavam valor significativo aos produtos da cooperativa, abrindo-lhes um mercado muito mais amplo do que os limites já conquistados na região de Bananal. Quando confrontadas com essas novas perspectivas, as artesãs ofereceram grande resistência. Tinham receio de perder a freguesia local e não se conformavam, por exemplo, com a ideia de arriscar a modernidade do tom sobre tom.

Foi difícil convencê-las de que era mais negócio vender um chapéu feito com linhas de qualidade por R$ 100 do que confeccionar 10 chapéus com linha barata e vendê-los, cada um, por R$ 10. Também não foi fácil introduzir a nuance das cores e a magia do branco sobre branco. Uma surpreendente exceção foi a líder do grupo, Roberta Souza de Oliveira, cujo talento para a combinação e a matização de cores imprime beleza e modernidade em cada uma de suas peças de crochê. Porém, com o tempo — e com os promissores resultados —, as artesãs em geral pegaram o jeito e seus produtos acabaram sendo colocados à venda em famosas lojas de grife do eixo Rio-São Paulo e até no Bon Marché, de Paris. O projeto deu tão certo, que meu plano de trabalhar apenas algumas semanas com essas artesãs acabou se estendendo por três anos.

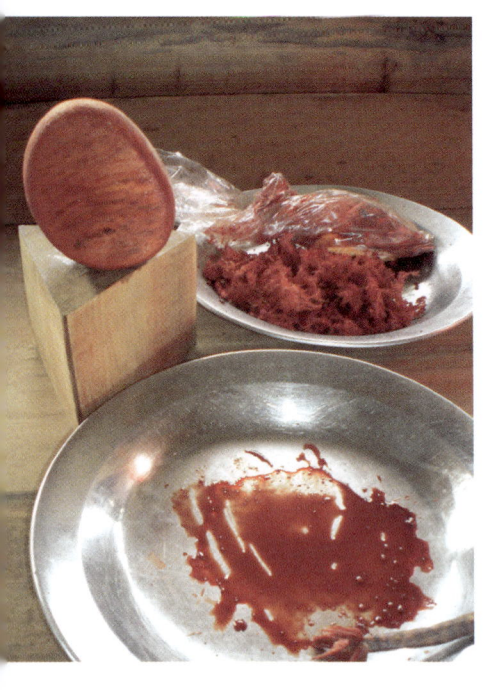

PROJETO GUIANA

A convite do Pró-Natura Londres e do governo guianense, fui para a Guiana — antigamente conhecida como Guiana Inglesa e, hoje, chamada de República Cooperativa da Guiana — para trabalhar com as comunidades de Annai e Surama, da etnia macuxi.

A Guiana faz parte da *Commonwealth* (Comunidade das Nações) — associação voluntária de cooperação mútua formada pelo Reino Unido e suas ex-colônias. No Centro Internacional Iwokrama de Conservação e Desenvolvimento da Floresta Pluvial, funciona um trabalho de pesquisa da flora e da fauna da região, e em sua sede se hospedam, com bastante conforto, os pesquisadores e outros profissionais convidados.

Próximas ao Iwokrama ficam as comunidades de Annai e Surama. São povos amazônicos da região sudoeste do país que conservam muitas características da cultura dos ameríndios e vivem com muita simplicidade em choupanas com teto de palha.

No artesanato, os homens trabalham principalmente com madeira e as mulheres se dedicam a trançados de palha, bordados e tramas de algodão no tear. Com essa trama de algodão, fazem *babysling*, aquela espécie de faixa transversal que se amarra nas costas e serve para carregar os bebês junto ao corpo. Aproveitando a ideia original, transformei a peça em cachecol, por ser um acessório de maior demanda no mercado.

Os bordados que as artesãs da Guiana fazem são tão bem-acabados, que fica impossível distinguir o lado direito do avesso. Com exceção das bordas, que ficam presas no bastidor, a tela (ou tecido) é inteiramente preenchida pelas linhas, dando relevo ao bordado. No entanto, por serem pequenas e individuais, as telas bordadas têm um destino de pouca projeção: viram pequenos quadros, geralmente colocados em molduras com vidro. Com isso, o encanto das nuances e do relevo do bordado fica sensivelmente prejudicado. Para salientar a beleza desses trabalhos e torná-los mais atraentes na hora da comercialização, criamos capas de almofadas com bordados temáticos relativos à flora e à fauna típicas da região: palmeiras, frutas e flores, capivaras, lontras, tamanduás-bandeira, antas, onças e pássaros, com seus respectivos nomes em inglês e no idioma macuxi.

Além dos magníficos bordados, os artesãos da Guiana produzem uma apreciável cestaria feita com palha de buriti e de mukru, que são tipos de plantas da região. Usando urucum, eles pintam uma parte da palha, trançada na forma de pequenos círculos. Ao emendar esses círculos pintados com a trama de palha da cor natural, eles compõem desenhos representando os ícones do mundo animal, em especial peixes, macacos, escorpiões, pássaros, sapos e onças. As imagens desses bichos aparecem na trama da palha de forma estilizada, num grafismo de linhas retas — uma espécie de desenho geométrico — com aspecto moderno e sofisticado. O que fizemos nesse caso foi ampliar o tamanho das cestas, além de criar grandes painéis de palha, dando maior destaque às figuras estilizadas pintadas com urucum.

Na Guiana há uma fartura de árvores de fruto-moeda. Para minha surpresa, os artesãos guianenses quase desconheciam as possibilidades oferecidas pelo fruto-moeda ao artesanato e logo aprenderam a técnica. As mantas que confeccionaram durante o treinamento foram adaptadas aos figurinos usados pelos alunos de uma escola num concurso de fantasias do qual participam todas as aldeias da região. Ganharam o primeiro prêmio.

Estive três vezes na Guiana — entre 2003 e 2011 — trabalhando como designer junto aos artesãos de Annai e Surama e tive o prazer de receber alguns deles no Rio de Janeiro em 2012. Foi uma experiência de intercâmbio entre os artesãos do meu ateliê e os da Guiana complementada pelas visitas ao Museu do Índio, ao Centro de Referência do Artesanato Brasileiro (CRAB), ao Jardim Botânico e a alguns pontos turísticos do Rio. No final, levamos os guianenses para jantar num restaurante na Praia do Leme e lá eles avistaram a Renata Sorrah, que eu conhecia por ter feito o design de figurinos para a peça *Macbeth*, de Shakespeare, em que ela atuou. Fãs das telenovelas brasileiras, os guianenses ficaram felicíssimos ao serem apresentados à atriz, que, atendendo ao meu pedido, veio até a nossa mesa para saudá-los. Quando se acredita que as raízes culturais são inabaláveis, logo aparece a realidade da vida moderna para mostrar que existe mais televisão entre os povos do que supõe a nossa vã filosofia...

PROJETO GRUMARI

A convite do Governo do Estado de Rio de Janeiro, por intermédio da Secretaria do Meio Ambiente, fui trabalhar com artesãos de uma comunidade em Grumari, que é o bairro menos populoso da cidade do Rio de Janeiro, porque grande parte de sua área é de proteção ambiental — APA de Grumari. A origem do nome é indígena: curu (pedra solta) e mari (que produz água). Grumari é também o nome das árvores características das encostas da região. O bairro, que abriga o Parque Natural Municipal do Grumari — tombado em 1985 pelo estado e em 1986 pelo município do Rio de Janeiro —, é cercado pelas serras de Grumari, Guaratiba e Piabas, constituindo a última área natural preservada do litoral carioca. No parque há diferentes formações vegetais pertencentes à Mata Atlântica, desde a floresta de encosta e a vegetação de rochas até as áreas de baixada, onde predomina a restinga, seguida pelo manguezal e pelos alagados.

Nas encostas do Maciço da Pedra Branca, a vegetação original está sendo prejudicada pelo plantio de extensos bananais, principalmente a bananeira-prata (*Musa sapientum* — *Musaceae*). Mesmo assim, a Restinga de Grumari está entre as mais representativas em número de espécies endêmicas (peculiares à região) do estado e é considerada uma das mais bem preservadas do município do Rio de Janeiro, abrigando algumas espécies ameaçadas de extinção.

Nesse auspicioso ambiente vive uma pequena comunidade de artesãs com as quais me reuni uma vez por semana, durante três meses, para desenvolver um projeto sustentável de produção de peças de artesanato a partir de materiais colhidos na natureza. A experiência dessas artesãs era, principalmente, a confecção de bijuterias feitas com miçangas. Meu propósito era motivá-las a buscar, naquele riquíssimo hábitat, sobras orgânicas belas o suficiente para se transformarem em peças artesanais.

Como já foi dito antes, é preciso saber olhar, pois muitas vezes as belas sobras da natureza podem estar bem na nossa frente e não as percebemos. Pensando assim, comecei o trabalho fazendo um passeio com as artesãs pela região da restinga em busca de folhas, cascas, gravetos, espinhos e sementes, sempre tentando fazer com que elas descobrissem alguma aplicação desses materiais em suas bijuterias. Nada feito: o grupo, acostumado a miçangas artificiais, não se convenceu de que suas contas brilhantes e coloridas mereciam ser substituídas por materiais orgânicos. O esforço só não foi totalmente em vão porque, no final das *contas*, com as sobras da restinga, conseguimos fazer colagens e aplicações em tecido, formando desenhos figurativos e abstratos. Mas é pouco provável que essa técnica tenha se incorporado aos trabalhos habituais do grupo.

Já o trabalho com o tear que desenvolvi com as artesãs foi bem recebido porque, com ele, criamos pulseiras e outros enfeites usando as miçangas artificiais. Mas meu foco principal para Grumari era o trabalho com a fibra das bananeiras — que são excessivas na região, a ponto de prejudicar a vegetação original.

O beneficiamento do caule da bananeira resulta numa fibra com a qual se pode trançar cestaria e fazer fiação de crochê, o que por sua vez se aplica a uma série de produtos de grande aceitação no mercado. Portanto, o uso da fibra significaria para a comunidade uma considerável geração de renda.

O trabalho, entretanto, não é leve: o tratamento do caule faz bastante sujeira e requer esforço no ato de retirar as camadas, que devem ficar de molho e depois ser postas para secar. Essa trabalheira toda foi inteiramente rejeitada pelo grupo. Essa rejeição, tanto ao trabalho com a fibra da bananeira quanto ao uso dos materiais orgânicos da restinga, demonstrou, entre outras coisas, que a colaboração de um profissional de fora só é bem-sucedida quando solicitada pelo próprio grupo produtivo da comunidade em questão. E esse, infelizmente, não foi o caso de Grumari. Eu estava ali a convite da Secretaria de Meio Ambiente, que certamente tinha a melhor das intenções.

PROJETO DE BOJARI

Em 2005, o Sebrae do estado do Acre me convidou para realizar um trabalho em uma comunidade de Bojari — bairro periférico da capital, Rio Branco. Tratava-se de artesãos já experientes que, entretanto, estavam começando a formar um grupo produtivo. Uma das minhas funções nesse projeto foi ajudá-los a montar a estrutura de uma oficina de artesanato, indicando critérios de organização e armazenagem de sementes e outros materiais orgânicos. Outra foi desenvolver com eles ideias para a confecção de peças artesanais.

Entramos na floresta e fizemos um levantamento das matérias-primas naturais disponíveis e, só então, passamos à fase da criação. Com a coleta de paxiubão — fruto da palmeira paxiúba, cujas sementes, lixadas, vão do marrom ao bege —, confeccionamos jogos americanos e bijuterias. Com o cupuaçu — fruta de uma árvore da Amazônia parente do cacaueiro, conhecida como cupuaçueiro e muito apreciada na região —, criamos uma coleção de canecas e vasos usando a casca, que antes era quebrada e jogada fora. Na verdade, encontramos uma forma de cortá-la cuidadosamente, de modo a aproveitar sua estrutura, rígida como a do coco, adicionando outros elementos para transformá-la em caneca. Quando se limpa o cupuaçu retirando sua polpa, uma das metades da parte interna da casca — a que fica unida ao galho — revela uma flor em alto relevo no fundo da cuia. Quando transformamos essa cuia em caneca, mantivemos a flor. A alça da caneca foi feita com palha e o tingimento, com os pigmentos naturais locais, como o urucum e o açafrão. A outra metade da casca, sem flor no fundo, se transformou em vaso. Algumas peças receberam um grafismo indígena na borda, feito com pirógrafo. Deu um ótimo resultado visual, embora a durabilidade das peças deixe dúvidas.

Meu trabalho com os artesãos de Bojari durou apenas 10 dias, mas a boa vontade e o interesse demonstrados por eles permitiram que esse curto espaço de tempo fosse altamente produtivo.

Reciclar com arte

O trabalho com descartes da natureza que desenvolvi junto a artesãos de várias comunidades me valeu alguns convites para trabalhar também com reciclagem de descartes industriais, basicamente plástico e lata, em comunidades de distantes regiões da Amazônia vocacionadas para o artesanato. Esses convites surgiram por iniciativa de instituições interessadas em promover ações afirmativas para fomentar o desenvolvimento sustentável e, ao mesmo tempo, amenizar os danos ecológicos causados por embalagens industriais não perecíveis.

PROJETO COLETIVO ARTES — INSTITUTO COCA-COLA BRASIL
RIO NEGRO / PARINTINS

O Coletivo Artes é uma iniciativa da Coca-Cola Brasil que oferece suporte a grupos de artesanato femininos que trabalham com material reciclado. É operacionalizado pelo Instituto Coca-Cola Brasil, que promove transformações socioambientais oferecendo assistência técnica, desenvolvimento de competências comportamentais e acesso ao mercado, em parceria com a Rede Asta, instituição que atua para transformar grupos produtivos comunitários em negócios sustentáveis por meio de uma rede de venda direta. O projeto Coletivo também conta com o suporte da Aliança Empreendedora, organização que visa modificar a vida de pessoas e comunidades por meio do empreendedorismo.

Em janeiro de 2013, fui convidada para integrar a equipe como designer do projeto, atuando em comunidades localizadas à beira do Rio Negro e em Parintins. Ou seja, sendo responsável pela concepção das coleções na Região Amazônica.

A ideia principal do projeto é desenvolver técnicas e designs para as criações artesanais dos grupos produtivos da região usando o descarte da indústria de refrigerantes — latas e garrafas PET, incluindo lacres e tampas — combinado a sementes, palhas e outros materiais orgânicos já conhecidos dos artesãos. Os trabalhos foram sendo criados de acordo com as características de cada uma das comunidades que visitei.

A primeira comunidade foi a de Acajatuba. O grupo, denominado Japiim, já é muito bem estruturado e conta com cerca de 30 artesãs em plena atividade, responsáveis por uma produção

expressiva de peças de artesanato e com experiência em exportação. Foi com elas que desenvolvi uma das peças mais bem-sucedidas do projeto, a bolsa Pirarupet, assim denominada porque seu material se parece com as escamas do peixe pirarucu, embora resulte inteiramente da reciclagem de garrafas PET — sete por bolsa. Ao sair de Acajatuba, calculamos que as artesãs conseguiriam produzir cerca de 30 bolsas Pirarupet por mês por causa da dificuldade de cortar e lixar o plástico, escama por escama, o que inicialmente era feito com tesoura. Entretanto, a inventividade das artesãs levou-as a adaptar determinados instrumentos a uma furadeira elétrica com a qual conseguiram cortar e lixar com rapidez as *escamas* de PET, chegando a uma produção mensal de 100 bolsas, que são compradas pela Coca-Cola. Outro trabalho bem-sucedido de Acajatuba foi a carteira feita com 84 lacres, que, por serem inteiramente revestidos com crochê feito com linha de tucum, ficam quase totalmente imperceptíveis na trama.

Em Saracá, trabalhamos com as artesãs conhecidas como Formiguinhas. Aliás, Saracá é o nome de uma formiga da região. Com elas, criei a "morotolata" — nome inspirado no fruto de uma árvore conhecida como morototó, bastante usado no artesanato da Amazônia. Do corpo da lata de refrigerante, cortamos um monte de rodelinhas, do tamanho de confetes, imitando a forma do morototó. Com a urdidura com sementes — técnica de tramados que as Formiguinhas já dominavam —, unimos as morotolatas com sementes de açaí, criando tabuleiros de damas e de jogo da velha. As pedras do jogo de damas foram criadas a partir daquele cinto que se desprende da tampinha da garrafa recoberto de palha; os símbolos X e O do jogo da velha são representados por sementes de jarina de duas cores.

Em Saracá, as cuias tradicionais também sofreram uma adaptação: com furinhos nas bordas, foram decoradas com açaí, linhas coloridas e morotolata, transformando-se em divertidas petisqueiras. Nosso desafio agora é criar uma maquininha de cortar morotolatas para facilitar o trabalho das artesãs.

Jogo da velha
açaí, jarina e morotolata

Bolsa
descarte de lata

Em Tumbira, onde há gerador de eletricidade, as artesãs dispõem de máquina de costura e de overloque, o que nos permitiu desenvolver coleções de bolsas usando lona, juta, fita de fibra de buriti e sementes combinadas com material reciclável de PET e lata. Tramas cruzando fitas de buriti com fitas de PET transformaram-se em carteiras e em apliques de bolsas grandes feitas com juta. Em outra versão, as bolsas de juta receberam apliques espalhados de açaí e morotolata, como se fossem estrelinhas de uma *constelação*, que acabou virando seu nome. Mas a criação mais vistosa foi a bolsa feita com o resto do material de onde foram extraídas as morotolatas, ou seja, as placas perfuradas. O corpo da bolsa é de lona revestida de fita de cobre e a parte frontal recebe o aplique dessas placas, unidas por crochê, cujas perfurações servem de entrada e saída de cadarços de várias cores, formando um bordado de desenhos abstratos. O grupo de artesãs de Tumbira merece o nome que tem: Raízes das Artes.

Em Santo Antônio, uma artesã veio me mostrar uma fibra que eu nunca tinha visto em 15 anos de pesquisa. Era a tawary, retirada da casca da madeira de uma árvore que cresce nos igarapés, muito resistente e bonita, rajada com tons de rosa. Com essa fibra, cobrimos os lacres arrancados das latas e, com eles já forrados, tramamos uma espécie de malha rígida que serviu para montar bolsas, chapéus, pulseiras e cintos. Meu trabalho, nesse caso, foi orientar os artesãos no sentido de aplicar essa fibra tão especial em praticamente todos os seus trabalhos artesanais, fazendo com que ela se tornasse uma espécie de marca registrada da comunidade. Com isso, as peças feitas com tawary não precisaram de nenhum insumo além do lacre das latinhas de refrigerante, o que fez aumentar o lucro dos artesãos, pois livrou-os da despesa com linha, tecido e viagens a Manaus em busca desses e de outros aviamentos. Tawary passou a ser o nome do grupo de artesãos de Santo Antônio.

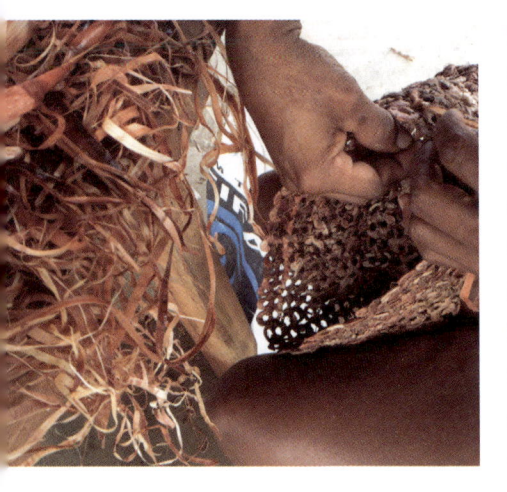

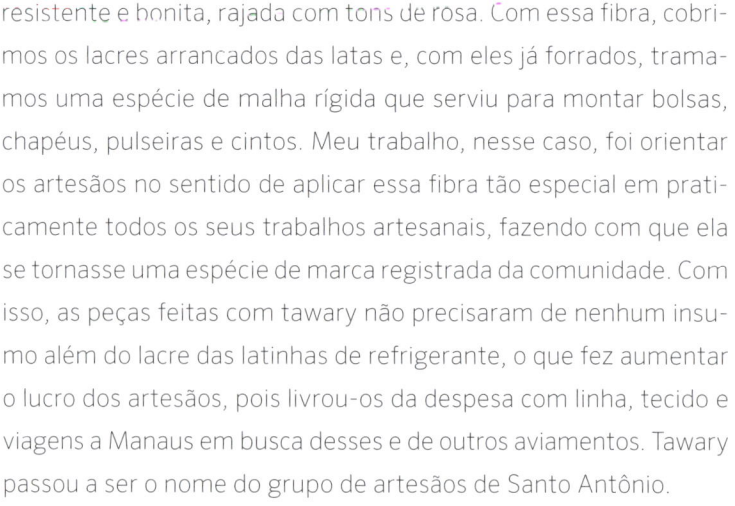

O grupo de artesãos da comunidade de Tiririca tem o sugestivo nome de Vencedores. Eles possuem uma pequena loja de artesanato e oferecem seus produtos aos turistas que se hospedam nas pousadas próximas. Ali, a especialidade são os colares feitos com jarina, açaí, jará e paxiubão, fartos na região. Trabalhamos na criação de novos designs para os colares, introduzindo o uso de minicuias (também fartas) e intercalando as matérias-primas naturais com recortes de garrafas PET e latas. Algumas minicuias receberam uma tampinha de PET lixada e presa com fio de tucum; outras foram recheadas com uma fileira de açaí; com as latas fizemos canutilhos; e, a partir desses elementos e das sementes do jará e do paxiubão, criamos diferentes modelos de colares. Como Tiririca é rica em cabaças, criamos também uma coleção de petisqueiras e fruteiras, transformando essas cabaças em cuias decoradas. Fazendo pequenos furos na borda das cuias, aplicamos, com fio de tucum, pequenos recortes de PET ou lata arrematados com açaí.

O projeto Coletivo Artes se estendeu a Parintins, que fica à beira do Rio Amazonas. Ali, o trabalho foi mais difícil, pois a cidade é bem maior do que as comunidades do Rio Negro e muito voltada para o festival que promove todos os anos: a Festa do Boi. A população de Parintins se divide em dois grupos rivais, representados pelos bois Garantido (de cor vermelha) e Caprichoso (de cor azul). Essa forte rivalidade acabou por afetar meu trabalho com os grupos de artesãos, ao todo cinco, entre *azuis* e *vermelhos*, reunidos no mesmo projeto e com dificuldade de entrosamento. Tratei de usar as técnicas já desenvolvidas por cada um deles, usando couro, sementes, PET e lacre, e, afinal, conseguimos criar bolsas, jogos americanos, porta-copos, cortinas e, muito especialmente, tabuleiros de xadrez. As peças do jogo são representações dos bichos da Floresta Amazônica, feitos com uma massinha cuja fórmula é um segredo deles guardado a sete chaves.

Bolsa
lacres

Referências

AÇAÍ. **Criasaude**, [2011, capturado em 13 mar. 2014]. Disponível em: <www.criasaude.com.br/n6833/fitoterapia/açai.html>.

BANDEIRA, Júlio. **Sementes ornamentais do Brasil**. Rio de Janeiro: Reler, 2008. p. 55.

BRANDÃO, Izabel Drulla. **Produção de mudas de muricizeiro**. Brasília, DF: Embrapa Informação tecnológica, 16 mar. 2012 [capturado em 13 fev. 2014]. Disponível em: <http://hotsites.sct.embrapa.br/diacampo/programacao/2012/producao-de-mudas-de-muricizeiro>.

BRASIL. Leis, Decretos. Lei complementar n. 128, de 19 de dezembro de 2008. **Diário Oficial da União**, Brasília, DF, 22 dez. 2008.

CAMINHA, Pero Vaz de. Carta de Pero Vaz de Caminha. **Brasil**: história por Voltaire Schilling. 2002 [capturado em out. 2013]. Carta transcrita no blog. Disponível em: <http://educaterra.terra.com.br/voltaire/500br/carta_caminha.htm>.

CAMPOS sulinos. **Probio**: educação ambiental, [2014, capturado em 13 mar. 2014]. Disponível em: <http://www.ecoa.unb.br/probioea/guia/index.php/campos-sulinos>.

CARVALHO, Paulo Ernani Ramalho. **Embiruçu (Pseudobombax grandiflorum)**.
Colombo: Embrapa, 2008 [capturado em 11 jan. 2014]. (Circular Técnica, 155). Disponível em: <http://www.cnpf.embrapa.br/publica/circtec/edicoes/circ-tec155.pdf>.

CASTANHEIRA do Brasil: grandiosa e ameaçada. Brasília, DF: WWF, [20--, capturado em 13 mar. 2014]. Disponível em:<http://www.wwf.org.br/natureza_brasileira/especiais/biodiversidade/especie_do_mes/fevereiro_castanheira_do_brasil.cfm>.

CESTARIA, plumária e artigo de fibras. [capturado em 5 mar. 2014].
Disponível em: <http://www.orm.com.br/tvliberal/revistas/npara/edicao4/artesan/cestaria.htm>.

CYMERYS, Margaret; FERREIRA, Evandro. Inajá: Maximiliana maripa (ubl.) Drude. In: FRUTÍFERAS e plantas úteis na vida amazônica. Rio Branco: Embrapa Acre, 2010 [capturado em 23 jan. 2014]. p. 195-201. Disponível em: <www.cifor.org/publications/pdf_files/Books/BShanley1001/195_202.pdf>.

DAUSCHOTE Canoinha Funtuminafrucht, natur. **Natürlich Basteln**, 2006 [capturado em dez. 2013]. Disponível em: <www.natuerlichbasteln.de/product_info.php/info/p129_Dauschote-Canoinha-Funtuminafrucht-natur.html>.

DICIONÁRIO de botánica. **Glosario.net**, 2006 [capturado em 5 jan. 2014]. Disponível em: <http://ciencia.glosario.net/botanica/>.

DIOCLEA violácea Mart. ex Benth. **Castelo de Asgard**, 21 maio 2010 [capturado em 28 fev. 2014]. Disponível em: <http://castelodeasgard.blogspot.com.br/2010/05/dioclea-violacea-mart-ex-benth.html>.

DRIED BOTANICAL ID, [capturado em 5 jan. 2014]. Disponível em: <http://idtools.org/id/dried_botanical/>.

FÉLIX-DA-SILVA, Maria Maricélia; BASTOS, Maria de Nazaré do Carmo; GURGEL, Ely Simone Cajueiro. Macrolobium schreb (leguminosae, caesalpinioideae) na Floresta Nacional de Caxiuanã, Pará, Brasil. **Boletim do Museu Paranaense Emílio Goeldi Ciências Naturais**, Belém, v. 8, n. 1, p. 75-93, jan./abr. 2013 [capturado em 12 jan. 2014]. Disponível em: <http://www.museu-goeldi.br/editora/bn/artigos/cnv8n1_2013/macrolobium(silva).pdf>.

FERREIRA, Maria das Graças R. **Jarina**: (Phytelephas macrocarpa Ruiz & Pav). Porto Velho: Embrapa Rondônia, 2005 [capturado em 14 jan. 2014]. Disponível em: <www.cpafro.embrapa.br/media/arquivos/publicacoes/folder_jarina_1.pdf>.

FLORES do cerrado: [tingui]. [20--, capturado em 4 mar. 2014].
Disponível em: <http://www.floresdocerrado.fot.br/pantanal/f2704e.htm>.

FRANCO, Mario. Samambaia-gigante (angiopteris evecta). **Meu Cantinho Verde**, 28 abr. 2012 [capturado em 2 mar. 2014]. Disponível em: <http://plantas-ornamentais.blogspot.com.br/2012/04/samambaia-gigante-angiopteris-evecta.html>.

FREITAS, Eduardo de. Mata de araucárias. **Brasil Escola**, [2014, capturado em 13 mar. 2014]. Disponível em: <http://www.brasilescola.com/brasil/mata-araucarias.htm>.

GASPAR, Sabrina. **Produção rápida de sementes de muruci**. Brasília, DF: Embrapa Informação Tecnológica, 25 out. 2010 [capturado em 14 fev. 2014]. Disponível em: <http://hotsites.sct.embrapa.br/prosarural/programacao/2010/producao-rapida-de-sementes-de-murici>.

GLOSSÁRIO de botânica. 2011 [capturado em 17 jan. 2014]. Disponível em: <http://w3.ufsm.br/herb/glossario.pdf>.

GOMES, P. Murici origem: norte e nordeste do Brasil. [Blog] **Adote uma Árvore**, 20 jan. 2008 [capturado em 14 fev. 2014]. Disponível em: <http://adoteumaarvore.blogspot.com.br/2008/01/murici-origem-norte-e-nordeste-do.html>.

GUARDA-SOL em chamas. **Globo Rural**, n. 205, nov. 2002 [capturado em 11 jan. 2014]. Disponível em: <www.revistagloborural.globo.com/EditoraGlobo/componentes/article/edg_article_print/1,3916,434910-1934-1,00.html>.

GUYANA. **Commonwealth**, London, [2012?, capturado em 23 dez. 2013]. Disponível em: <http://thecommonwealth.org/our-member-countries/guyana>.

HAGE, Fernando. **Plantas fibrosas da Amazônia**: matéria-prima para a inovação. Trabalho apresentado no 10º Congresso Brasileiro de Pesquisa e Desenvolvimento em Design, São Luís, 2012 [capturado em 5 mar. 2014]. Disponível em: <http://www.academia.edu/4824337/Plantas_Fibrosas_da_Amazonia_Materia-prima_para_a_inovacao_Fibers_Plants_from_Amazon_materials_for_innovation>.

HYMENAEA courbaril: família das Fabaceas, sub-ytibo caesalpinoideae. **Colecionadores de Frutas**, 2013 [capturado em 14 jan. 2014]. Disponível em: <www.colecionandofrutas.org/hymenaeacourbail.htm>.

IBGE. **Área territorial brasileira**: histórico. Rio de Janeiro, [capturado em 13 mar. 2014]. Disponível em: <http://www.ibge.gov.br/home/geociencias/areaterritorial/historico.shtm>.

ICMBio. [capturado em nov. 2013]. Disponível em: <www.4.icmbio.gov.br>.

ICMBio. **Categorias**: grupo de proteção integral. Brasília, DF, 2012 [capturado em jan. 2014]. Disponível em: <www.icmbio.gov.br/portal/biodiversidade/unidades-de-conservacao/categorias>.

INAJÁ é fonte viável de biocombustível. Boa Vista: Embrapa Roraima, 15 nov. 2008 [capturado em 23 jan. 2014]. Disponível em: <www.cpafrr.embrapa.br/embrapa/index.php/br/ultimas-noticias/134-inaja-e-fonte-viavel-de-biocombustivel>.

INSTITUTO DE PESQUISAS E ESTUDOS FLORESTAIS. **Identificação de espécies nativas do Brasil**. Piracicaba, 2003-2008 [capturado em 5 dez. 2013]. Disponível em: <www.ipef.br/identificacao/nativas/detalhes.asp?...3>.

INSTITUTO PAMPA BRASIL. **Pampa**. São Leopoldo, 2014 [capturado em 13 mar. 2014]. Disponível em: <http://www.pampabrasil.org.br/>.

IPÊ tabaco: Zeyheria tuberculosa: sementes. Londrina: Instituto Brasileiro de Florestas, 2013 [capturado em 5 dez. 2013]. Disponível em: <http://ibflorestas.org.br/loja/sementes/ipe-tabaco-semente.html>.

JACKIE, professora. Características gerais do Brasil e suas divisões: político e geoeconômica. **Blog da Prof. Jackie**, 26 set. 2012 [capturado em 13 mar. 2014]. Disponível em: <http://blogjackiegeo.blogspot.com.br/2012/09/caracteristicas-gerais-do-brasil-e-suas.html>.

LAGENARIA vulgaris ser.: cabaça. **Plantamed**: plantas e ervas medicinais e fitoterápicos, 2013 [capturado em 5 dez. 2013]. Disponível em: <www.plantamed.com.br/plantaservas/especies/lagenaria_vulgaris.htm>. Acesso em: dez. 2013.

LÁGRIMAS de Nossa Senhora. **Misturadas Dicas**, 19 abr. 2009 [capturado em 10 fev. 2014]. Disponível em: <http://misturadasdicas.blogspot.com.br/>.

LEUCENA. **Cultura Mix.com**, [20--, 12 fev. 2014]. Disponível em: <http://flores.culturamix.com/informacoes/leucena>.

LEUCENA (Leucaena leucocephale). **[Blog do] Bismarck Passos**, 31 jul. 2012 [capturado em 12 fev. 2014]. Disponível em: <http://zootecniae10.blogspot.com.br/2012/07/leucena-leucaena-leucocephala.html>.

LEUCENA (Leucaena spp). In: LEGUMINEIRA: cultura forrageira para produção de proteína. Campo Grande: Embrapa Gado de Corte, nov. 2013 [capturado em 12 fev. 2014]. Cap. 3. (Circular Técnica, 13). Disponível em: <http://www.cnpgc.embrapa.br/publicacoes/ct/ct13/03leucena.html>.

LOPES, Patricia. Castanha do Pará. **Brasil Escola**, [2014, capturado em 2 jan. 2014]. Disponível em: <www.brasilescola.com/frutas/castanha-do-para.htm>.

LORENZI, Harri. **Árvores brasileiras**: manual de identificação e cultivo de plantas arbóreas nativas do Brasil. Nova Odessa: Instituto Plantarum de Estudos da Flora, 1998-2000. 2 v.

LORENZI, Harri; SOUZA, Hermes Moreira de; COSTA, Judas Tadeu de Medeiros et al. **Palmeiras brasileiras e exóticas cultivadas**. Nova Odessa: Instituto Plantarum de Estudos da Flora, 2004.

MANGUEZAIS. In: PRATES, A. P.; GONÇALVES, M. A.; ROSA, M. **Panorama da conservação dos ecossistemas costeiros e marinhos no Brasil**. 2. ed. Brasília, DF: Ministério do Meio Ambiente, 2012 [capturado em 13 mar. 2014]. Disponível em: <http://www.mma.gov.br/biodiversidade/biodiversidade-aquatica/zona-costeira-e-marinha/manguezais>.

MARSDENIA sp. **Dried Botanical ID**, [201-?, capturado em 3 jan. 2014]. Disponível em: <http://idtools.org/id/dried_botanical/factsheet.php?name=Marsdenia+sp>.

MARTO, G. B. T. Hevea brasilienses (seringueira). In: INSTITUTO DE PESQUISAS E ESTUDOS FLORESTAIS. **Identificação de espécies florestais**. Piracicaba, 2 maio 2007 [capturado em 2 mar. 2014]. Disponível em: <http://www.ipef.br/identificacao/hevea.brasiliensis.asp>.

MATTES, L. A. F.; UZZO, R. P.; CARVALHO, A. C. Propagação vegetativa de samambaia gigante: Angiopteris evecta (G.Forst.) Hoffm. **Revista Brasileira de Horticultura Ornamental**, v. 17, n. 1, p. 25-28, 2011 [capturado em 2 mar. 2014]. Disponível em: <http://132.248.9.34/hevila/Revistabrasileiradehorticulturaornamental/2011/vol17/no1/2.pdf>.

MEI: micro empreendedor. **Portal do Empreendedor**, 2013 [capturado em jan. 2014]. Disponível em: <http://www.portaldoempreendedor.gov.br/mei-microempreendedor-individual>.

MIRITI. **Pará**: cultura, fauna e flora, 2006 [capturado em 5 mar. 2014]. Disponível em: <http://www.cdpara.pa.gov.br/miriti.php>.

MUCUNÃ: Mucuna pruriens. **Natureza Bela**, 3 jan. 2012 [capturado em 28 fev. 2014]. Disponível em: <http://belezadacaatinga.blogspot.com.br/2012/01/mucuna-mucuna-pruriens.html>.

MURICI ou muruci: Byrsonima spicata. **Plantas que Curam**, [2013?, capturado em 14 fev. 2014]. Disponível em: <http://www.plantasquecuram.com.br/ervas/murici.html#.Uv5xafIdWwU>.

NOSSAS árvores. [capturado em 17 dez. 2013]. Disponível em: <www.nossasarvores.greennation.com.br>.

OHASHI, Selma Toyoko; LEÃO, Noemi Vianna Martins. Morototó. **Informativo Técnico Rede Sementes da Amazônia**, Manaus, n. 12, 2005. Disponível em: <https://www.inpa.gov.br/sementes/iT/12_Morototo.pdf>. Acesso em: 3 jun. 2014.

ÓLEO tucumã (polpa), tucumã (Astrocaryum vulgare, arecaceae). Ananindeua (PA): Amazon Oil Industry [2009?, capturado em 4 mar. 2014]. Disponível em: <http://www.amazonoil.com.br/produtos/oleos/tucuma_polpa.htm>.

OYAMA JUNIOR, Sergio. Samambaia-havaiana. **Minhas Plantas**, [2013?, capturado em 2 mar. 2014]. Disponível em: <http://www.minhasplantas.com.br/plantas/samambaia-havaiana/>.

PALMEIRAS nativas do Brasil. **Vivaterra**, 2002 [capturado em dez. 2013]. Disponível em: <http://www.vivaterra.org.br/palmeiras_nativas.htm>.

PANTANAL. 2012 [capturado em 13 mar. 2014]. Disponível em: <http://www.suapesquisa.com/geografia/pantanal.htm>.

PARQUE Natural Municipal Grumari. Rio de Janeiro: Instituto Iguaçu, [2012?, capturado em 17 dez. 2013]. Disponível em: <www.institutoiguacu.com.br/Parques/Grumari.htm>.

PATRO, Raquel. Flamboyant: Delonix reg. **Jardineiro.net**, 30 dez. 2013 [capturado em 11 jan. 2014]. Disponível em: <www.jardineiro.net/plantas/flamboyant-delonix-regia.html>.

PATRO, Raquel. Tamboril: Enterolobium contostisiliquum. **Jardineiro.net**, 12 ago. 2013 [capturado em 4 mar. 2014]. Disponível em: <http://www.jardineiro.net/plantas/tamboril-enterolobium-contortisiliquum.html>.

PEREIRA, Wellington; LIMA, Dejoel de Barros; MELO, Túlio Gonçalves de et al. **Manejo e controle de tiririca**. Brasília, DF: Embrapa Hortaliças, [20--, capturado em 4 mar. 2014]. Disponível em: <http://www.cnph.embrapa.br/public/folders/foltiri.html>.

PLANTAS medicinais: vassourinha. [Blog] **Viver a vida e o meio ambiente**, 30 dez. 2011 [capturado em 6 mar. 2014]. Disponível em: <http://viveravidaeomeioambiente.blogspot.com.br/2011/12/plantas-medicinais-vassourinha.html>.

PRATES, A. P.; GONÇALVES, M. A.; ROSA, M. **Panorama da conservação dos ecossistemas costeiros e marinhos no Brasil**. 2. ed. Brasília, DF: Ministério do Meio Ambiente, 2012.

PROGRAMA DO ARTESANATO BRASILEIRO. Base conceitual do artesanato brasileiro. Brasília, DF, 2012 [capturado em 6 nov 2014]. Disponível em:http://www.desenvolvimento.gov.br/arquivos/dwnl_1347644592.pdf

RODRIGUES, Regis. Tipos de vegetação. **Brasil Escola**, [2014, capturado em 13 mar. 2014]. Disponível em: <http://www.brasilescola.com/brasil/os-tipos-vegetacao.htm>.

SANTIAGO, Emerson. Ciclo da borracha. **Infoescola**: navegando e aprendendo, [2013, capturado em 3 mar. 2014]. Disponível em: <http://www.infoescola.com/historia-do-brasil/ciclo-da-borracha>.

SEBRAE. [capturado em 14 mar. 2014]. Disponível em: <http://www.sebrae.com.br/>.

SILVA, A. A.; JAKELAITIS, A.; FERREIRA, L. R. Prejuízo à vista. **Cultivar**, p. 12-16, jun. 2012 [capturado em 4 mar. 2014]. Disponível em: <http://www.grupocultivar.com.br/arquivos/gc40_prejuizo.pdf>.

SILVA, Silvestre. **Árvores da Amazônia, Brasil**. São Paulo: Empresa das Artes, 2006. p. 222.

TIRIRICA do brejo. **Plantas que curam** [capturado 4 mar. 2014]. Disponível em: <http://www.plantasquecuram.com.br/ervas/tiririca-do-brejo.html#.Uxu4fPldWwU>.

TÚLIO, Denitri. Samambaias gigantes: uma floresta de samambaias gigantes. **O Povo**, Fortaleza, 19 set. 2013 [capturado em 2 mar. 2014]. [Caderno] Trindade: a ilha do fim do mar. Disponível em: <www.opovo.com.br/especiais/trindade/samambaias-gigantes.html>.

VASSOURINHA doce. **Plantas que curam** [capturado 6 mar. 2014]. Disponível em: <www.plantasquecuram.com.br/ervas/vassourinha-doce.html#.Ux4dmfldWwU#ixzz2vaqeH0AF>.

VOCÊ conhece a paxiúba? **Despertai! no Peru**, 2004 [capturado em 3 mar. 2014]. Disponível em: <http://wol.jw.org/en/wol/d/r5/lp-t/102004531>.

WATSON, L.; DALLWITZ, M. J. **The families of flowering plants**: descriptions, illustrations, identification, and information retrieval. Version: 19th Oct. 2013 [capturado em 3 jan. 2014]. Disponível em: <http://delta-intkey.com>.

YUM, Jong Suk. **Doenças**: causas e tratamentos. Fortaleza: Impr. Oficial do Ceará, 1982.

Agradecimentos

Agradeço a todos aqueles que direta ou indiretamente contribuíram para escrevermos este livro. Em especial:

- Angela Texeira de Souza Leão, querida amiga que sempre disse que meu caminho era na natureza (*in memoriam*)
- Andréa de Oliveira
- Bruno Ennes
- D. Maria Veneale
- Dinéia Felizarda
- Dinho Bastos
- Edymundo Colaço, querido amigo de muitas parcerias (*in memoriam*)
- Emilia Marques
- Jaqueline dos Santos
- José de Oliveira
- Klaus Schneider, meu companheiro nas matas e nas urbes
- Leandro dos Santos
- Lindalva Ferreira
- Maria do Carmo de Freitas
- Nair de Paula Soares, minha grande incentivadora
- Tatiane Joana
- Teresa Graupner
- Vovó Lili (*in memoriam*)

Este livro foi impresso em papel offset 120 g/m² no miolo e cartão tríplex 300 g/m² na capa e composto com as famílias tipográficas Sero Pro, Bree e Sentinel.